JN070726

めんどくさがりな
きみのための
文章教室

はやみね かおる

飛鳥新社

OPENING　文章力は、まだない。

　ぼく──文岡健が、その奇妙な猫と会ったのは、中学2年生に
なったばかりの春休み。友達の家に行った帰り、近道をするため
に神社の境内を歩いていたときだ。

　暖かくなってきたとはいえ、雨が降ると、背筋がゾクリとする
ほど寒い。

　ビニール傘に落ちる雨の音を聞きながら、参道を歩いていると、
大きな銀杏の木の下にボロ雑巾の塊が落ちてるのが見えた。

　──神社に、ゴミを捨てるなんて罰当たりな……。

　拾ってゴミ箱に入れようと思い、ぼくはボロ雑巾に近づく。

　すると、「ゴゴゴゴゴゴゴゴ……」という地鳴りのような音が
聞こえてきた。

　──なんだ？

　音は、ボロ雑巾の塊から聞こえてくるようだ。

　いや、そばに行ってわかった。それは、ボロ雑巾ではなく、真っ
黒な猫だった。

　猫は、雨の当たらない大銀杏の下で、

「ゴゴゴゴゴゴゴゴ……」

　気持ちよさそうに、イビキをかいていた。

お腹だけでなく、全身がふっくらしている。毛の色つやもいい。

　どうやら、たくさん食べてお腹がいっぱいで眠っているところのようだ。

「気楽でいいな、猫は……」

　猫のそばにかがみ、呟く。

「それに比べて、ぼくは……。春休みなのに、友達の家で勉強してたんだぜ。悲しくなるだろ」

「ゴゴゴゴゴゴゴ……」

　別に返事をしたわけじゃないだろうが、イビキが大きくなった。

「困るのが、作文だ。『中学2年生になっての抱負』を書けって言われてもさ……」

「ゴゴゴゴゴゴゴ……」

　ぼくは、猫に愚痴を言っても仕方がないと思い、その場を離れようとした。

　すると、猫の耳がピクリと動いた。

「待ちたまえ、少年」

　ボロ雑巾——じゃなく、猫が口を開いた。

　数秒、ぼくは、何も反応できず固まってしまった。まさか、猫が話すなんて……。

　ぼくは、猫に向かって訊く。

「今……しゃべったよな？」

　驚くぼくに、猫が、偉そうな口調で言う。

4

「わたしが問題にしたいのは、そんな些細なことではない。今の
きみの行動に、問題があるというのだ」

　いや、ぼくの行動より、猫が話すことの方が問題だと思うぞ
……。

　ぼくの気持ちを無視し、猫が続ける。

「雨の中、かわいそうな猫が困ってるというのに、きみは無視し
て行きすぎようとした。これは、問題だ。わたしを心配して家へ
連れ帰り、食事と毛布を与えるのが、温かい血のかよった人間の
行動ではないか？」

　そう言うと、猫は、ぼくの方へ前足を伸ばした。"ビシッと指
さす"ということをやりたかったようだが、猫の短い指では無理
だ。

「問題点が、理解できたかな？」

　上から目線で言う猫に、ぼくはビシッと言ってやる。

「おまえが言ったことは、間違っている。まず、"雨の中"と言っ
たが、おまえは雨の当たらない大銀杏の下にいる。"かわいそう"
とか"困っている"というが、どう見ても、お腹がいっぱいで昼
寝してるようにしか見えない。そんな猫に、食事と毛布を与えて
やる必要はない！」

「…………」

　黙り込む猫。しかし、その目は、次の手を考えているように光っ
ている。

5

ぼくは、一番気になってることを訊く。

「なんで、おまえは猫の癖に話せるんだ？」

　すると、「くだらない質問をするな」と言わんばかりに、猫は溜め息をついた。

「わたしは、10万回くらい生きている。人間の言葉ぐらい、話せるようになっても不思議じゃないだろ」

　……じゅうぶん、不思議だと思う。

　ぼくの表情を見て、猫がフッと笑った。

「わたしの人生を、話してやろう。そうすれば、少年の疑問も解決するだろう」

　かなり興味のわく話だ。

　しかし、ぼくは忙しい。

「その話、長くかかるのか？」

「そりゃ、10万回くらい生きてきたからな。15498時間ぐらいかかるかな」

　ぼくは、落ちていた棒を拾い、地面に筆算で「15498÷24」を計算する。

　答えは、「645.75」。つまり、猫の人生を聞くのに645日と18時間かかるというわけだ。

「3分で話せ」

　ぼくが言うと、また猫は溜め息をついて話し始めた。

　猫が言ったことを、さらにダイジェストで書くと、

・猫の名前は「マ・ダナイ」
・今まで、いろんな飼い主に飼われてきた
・名前をつけてくれたのは、100年ぐらい前の飼い主
・この間まで、児童文学作家のところに住んでいた
・餌が不味いので、家出してきた

「わたしは、雨の中を、あてもなく彷徨っていた。これからどうすればいいのかという不安。ずっと歩いてきた疲れ。誰も、このかわいそうな猫に、救いの手を差し伸べてくれない。とうとう力尽きたわたしは──」

「はい、そこまで！　3分経ったから、もういいよ」

　ぼくは、猫──ダナイの話を止めた。

「これ以上、嘘の話を聞いてるほど、ぼくは暇じゃないんだ」

「わたしの話の、どこに嘘があるんだ？」

「さっきも言ったけど、おまえに、家出したかわいそうな猫というイメージはない。どう見ても、お腹いっぱいで昼寝してる、ぐうたら猫だ」

　立ち去ろうとするぼくに、慌ててダナイが言う。

「わかった。今の話に嘘があったのは認めよう。小説家に飼われていたせいか、どうしても話を盛り上げる癖がついてるんだ」

「…………」

「わたしの正体は、銀河の果てからやってきたラッキーキャットだ。わたしと関わった人間は、すべて幸せになれるという幸運の

7

──」

　ぼくは、手を伸ばして、ダナイの話を止める。

「悪いな。ぼくは、忙しい。早く家に帰って、やらなきゃいけないことがある。これ以上、おまえにかまっている暇はない。というわけで、さよならだ。もう二度と会うこともないと思うけど、元気でな」

　それだけ言って、ダナイに背を向ける。しかし──

「作文、手伝ってやろうか？」

　という言葉に、ぼくの足が止まった。

　振り返ると、三日月みたいに目を細めたダナイが、ぼくを見ている。

「なかなか作文が書けなくて、困ってるんだろ？　わたしが手伝ってやってもいいんだぞ」

「……猫のくせに、作文を書けるのか？」

　ぼくは、ダナイに話しかけた。

　いつものぼくなら、無視して帰っていただろう。それが、話しかけてしまったのは、作文のことが気になって仕方なかったからだ。

「さっきの話を忘れたのか？　わたしは、小説家の家に飼われていたこともあるんだぞ」

　ダナイが、得意そうに言う。

「今までいたのは、児童文学作家の家だ。そして、ここだけの話

8

だが──」

　ダナイが、内緒の話をしてやろうというように、ぼくを手で招く。

「その児童文学作家にアドバイスし、デビューさせてやったのは、このわたしだ」

　驚くような話だ。

「本当か？」

「わたしは、嘘は言わない」

　……いや、さっきまで嘘ばかり言ってたぞ。

「温かい食事と毛布を与えてくれたら、作文を手伝ってやってもいいぞ」

　上から目線の台詞だ。

「だいたい、おまえは日本語が読めるのか？」

「漢字検定準2級レベルかな」

　嘘くさい台詞が返ってきた。

　信用できないぼくは、木の棒を拾い、地面に『文岡健』と書く。

「ぼくの名前だ。読んでみろ」

「『ぶんおかけん』──『文を書けん』か。なるほど、作文を書くのには、まったく向いてない名前だ」

　殴ってやろうかと思ったとき、ダナイがニヤリと笑った。

「冗談だ。『ふみおかたけし』だろ？　よろしく、健君」

　前足を伸ばすダナイ。なんだ、このポーズは？　犬なら「お手」

だけど、猫も「お手」をするのか？

　戸惑ってるぼくに、ダナイが言う。

「握手だよ。知らないのかい？」

「…………」

　ぼくは、戸惑いながら、ダナイと握手した。

　まさか、言葉を話す猫と握手するとは、今から1時間前には夢にも思っていなかった。

　家に連れて帰ったダナイを、母さんを始めとする家族は、大歓迎した。——不思議なことに。

　ダナイも、家族の前では人の言葉を話すこともなく、普通の猫のように振る舞った。

　そして夜——。

　ぼくとダナイは、部屋に籠もり、『中学2年生になっての抱負』を2時間で書き上げた。それは、まるで魔法だった。

　というわけで、ダナイは、今もぼくの家にいる。

目次

第3章　誰でも必ず小説が1冊書ける方法

登場人物紹介

文岡 健
（ふみおか たけし）

中学2年生。作文の時間になると、鉛筆が止まるタイプ
なのに、作家になりたいという野望を持っている。

マ・ダナイ

10万回くらい生きた猫。
小説家に飼われていたことがあり、文章を書くのが得意。
その小説家が亡くなってからは、放浪の旅に出ていた。
野良猫になったり飼い猫になったり――。
最近、ある小説家のところから家出し、健のところに来た。
ポッチャリ体形なので、ダイエットの必要を感じている。

須藤 翔君
（すどう かける）

高嶺花奈ちゃん
（たかね はな）

健のクラスメイト

健の親友の翔と、翔の片思いの相
手・花奈ちゃん。ふたりの恋の行方
は……？

1

「何を書いていいか
わからない」を
一瞬で
解決する方法

作文の宿題乗りきり編 ❶

書き出しは
「たった2種類」から選ぶだけ

ぼくの前には、真っ白い原稿用紙が置かれている。

そして、手には、シャーペン。そばには、消しゴム。

シャーペンには、ちゃんと0.5㎜の芯が入ってるし、原稿用紙の予備も買ってある。

なのに、ぼくの手は動き出さない。なぜか？

たった1つの単純な答え——宿題の作文で、何を書いたらいいのかわからないんだ。

もし、溜め息が綿菓子みたいに目に見えるものなら、ぼくの部屋は溜め息で埋め尽くされているだろう。

「ゴゴゴゴゴゴゴゴ……」

足下で、不気味なイビキがする。黒猫のマ・ダナイが、丸まって居眠りしている。

「起きろ、ダナイ」

ぼくは、両足でダナイを揺する。無理矢理起こされたダナイは、不満いっぱいの目で、ぼくを見てくる。

「宿題の作文が書けない。手伝ってくれ」

するとダナイは、大あくびと共に言った。

「書けないんだったら、書かなくてもいいじゃないか」

「そんなこと、できるわけないだろ！」

🐱　人間社会というのは、妙なものだな。「書けない」と言ってる人に、「書け！」というのは、無理な注文じゃないのかい？

😊　そりゃ、そうかもしれないけど……

🐱　無理は、体によくない。——というわけで、健も一緒に昼寝しよう

😊　そんなことしてられないよ。とにかく、書かなきゃいけないんだ

　人間は、猫と違って、文章を書く機会が多い。
　作文や日記、手紙（電子メール、LINEなどのSNS）に小論文、レポート、提案文書などなど。
　書きたくなかったら、書かなくてもいいとは言っていられない。
　しかしそのぶん、文章が書けるようになったらとってもお得！
　文章が書けるようになると、論理的に考えたり、自分の気持ちを上手に伝えたりすることができる。
　なにより、作文が書けない……と悩む時間が、なくなる。

🐱　健は、これから先、高校受験をするのかな？

😊　たぶん……

🐱　受ける学校にもよるけど、入試に小論文を採用しているところもある。そんなとき、書きたくないから書かないと言ってたら、

確実に不合格だね

😐 …………

🐱 大学生になったら、レポートの提出が山のようにある。それに、卒業論文を書かないと卒業できないしね

書かなければいけない文章は、書かなければいけない。

🐱 それで、どうして作文が書けないんだい？

😊 そういえば……どうして書けないんだろうね？

🐱 書けないのには、理由がある。それを、紙に書いてごらん

😐 えーっと……

何を書いていいかわからない

めんどくさい

文がうまく書けない

🐱 大丈夫。こんな理由なら、軽く解決できる

😊 本当か？

🐱 まず、「何を書いていいかわからない」という健に、最初の1行の書き方を教えてあげよう

・中学生になっての抱負や読書感想文など、気持ちを書くもの

・遠足や運動会など、出来事について書くもの

🐱　気持ちを書く作文は、テーマについての気持ちを最初に書くんだ。『中学2年生になっての抱負』の書き出し、わたしが教えたことを覚えているかい？

😀　ぼくには抱負がないから、正直に「中学2年生になったけど、抱負はありません」って書くように教えられた

🐱　そのとおり。でも、それだけだと怒られるかもしれないから、そこから先は“こんなことではいけない”“勉強やクラブ活動をとおして、なにか抱負を見つけたい”“胸を張って卒業できるように、2年間頑張りたい”と、展開していけばいい

😀　読書感想文は？

🐱　最初の感想を書く。おもしろかったのなら「おもしろかった」。つまらなかったら、「おもしろくなかった」。そこからは、その理由を書くんだ。おもしろくない本を選んでしまっても、“こういう物語だったら、もっとおもしろかったのに”とか“ぼくなら、こう書く”と展開すれば、個性的な読書感想文になるよ

気持ちを書く作文では、書き出しに、正直な気持ちを書くだけでいい。

そこからは、その理由を説明する。

😊 でもさ、正直に書いたら怒られるだろ？

🐱 本当は、怒る方がおかしいんだけどね……

😊 遠足の作文は？

🐱 こっちは、もっと簡単。書き出しは「遠足がありました」と、事実を書く。そこからは、起きた出来事を順に書いていけばいい

出来事を書く作文では、書き出しに、事実を書くだけでいい。
そこからは、起きた出来事を順に書いていく。

😊 でもさ、起きた出来事が順番に書いてある作文なんて、おもしろくないよ。先生に見せても、「もっと気持ちを書きましょう」とか赤ペンで書かれるんじゃないかな？

🐱 そんな風に、「上手に書こう、褒めてもらえるような作文を書こう」と思ってるから、書けないんだよ。大事なのは、まず書くこと

😊 ……

🐱 上手に書くコツは、だんだん教えてあげるよ

きみの書く文章はどっち？

作文のテーマによって、どんな書き出しにするかを決めよう。

気持ちを書く作文

`中学生になっての抱負`　`読書感想文`　`将来の夢`

まず、正直な気持ちを書く。
たとえば、『中学生になっての抱負』なら……

> 中学生になったけど、抱負はありません。

> もし、きみに抱負があるなら、
> 「中間テストで学年50位以内を取りたい」、
> 「野球部でレギュラーを取りたい」といった書き出しもいいね

なぜ、その気持ちになったか、理由を説明する。

- こんなことではいけない
- 勉強やクラブ活動をとおして、なにか抱負を見つけたい
- 胸を張って卒業できるように、3年間頑張りたい

出来事を書く作文

行事 観察日記 レポート 学校生活で頑張ったこと

書き出しさえ
決まれば、
作文は書けたも
同然だよ

まず、事実を書く。たとえば、『遠足の感想』なら……

昨日、遠足がありました。

起きた出来事を順に書いていく。

学校に集合した。健康観察をした。先生の注意を聞いて、出発した。目的地の公園までダラダラ歩いた。

書き出しに個性を出したいなら……

台詞から書き始める。

「今日、寝不足なんだよね」
遠足の途中で、友達の翔君は言いました。

景色などの情景から書き始める。

雲一つない快晴の青空の下、全校生徒200人の影が校庭を埋め尽くしていた。

タイトルとは反対のことを書く。

『中学生になっての抱負』　文岡　健
中学生になったけど、抱負はありません。

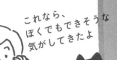

これなら、
ぼくでもできそうな
気がしてきたよ

作文の宿題乗りきり編 ❷

めんどくさく感じるのは、才能がある証拠！

　ダナイに言われたように、1行目に「昨日、遠足がありました。」
と書く。そこから、起きたことを順に書いていこうとしたんだけ
ど、手が止まる。
「どうしたんだい？」
　机の上によじ登ってきたダナイが、ぼくの手元を見て訊いてき
た。運動不足でダイエットが必要なダナイは、机の上に乗るのも、
大仕事なのだ。
　ぼくは、頭の後ろで手を組んで言う。
「起きたこと——学校に集合して、健康観察して、先生の注意を
聞いて、出発して、ダラダラ歩いて……。こんなことを順番に書
いていかなきゃいけないかと思うと、めんどくさくて……」
　すると、ダナイが、ぼくの肩にポンと前足を置いた。続いて、
肉球のついた前足を、ぼくに向ける。爪が2本伸びてることから
考えて、Vサインをしているようだ。
「素晴らしいよ、健！　そんな風に、めんどくさいと思えるのは、
素晴らしい才能だ！」
　才能……。
　とっても嘘くさいけど、ダナイの目はキラキラしている。どう
やら、本気で褒めてくれてるようだ。

🐱　さっき、健は4つのことを言った。「学校に集合」「健康観察」「先生の注意」「ダラダラ歩く」——この中で、残すとしたら、何を残す？

😊　『ダラダラ歩く』かな……

🐱　どうして？

😊　だってさ——。学校にいたら授業中の時間で、友達と無駄話（むだばなし）なんかできないじゃないか。でも、遠足だったら、歩きながら無駄話できるだろ。これこそ、遠足の醍醐味（だいごみ）だね

🐱　ほら、書きたいことが見つかってきた。これも、健が「めんどくさい」と思ったからこそだよ

😊　そんなもんかなぁ？

🐱　たしかに、原稿用紙に字を書いていくのは、めんどくさい作業だよ。でも、めんどうだから、長く書きたくない。ダラダラした長い文ではなく、短い文になる。内容も、いらないことは書かないから、コンパクトにまとまる。——これは、才能以外の何物でもないよ

めんどくさいと思うことは才能！
めんどくさいと思うから、まとまりのある文章ができあがる。

😊　でもさ、ツイッターなら書きやすいんだけど、いざ原稿用紙に向かうと、なかなか文章が出てこないな

🐱　ツイッターなら、どんな風に書くんだい？

> **タケシ** @Takechanman
> 遠足の途中www 翔のバカ話パネエwww
> 💬 2　🔁 1　♡ 16

😊　こんなところかな

🐱　翔ってのは？

😊　友達。ずっと、深夜ラジオの話をしてくれたんだ

🐱　だったら、こんな風に書けるんじゃないかな

友達の翔君と、話しながら歩きました。

翔君は、ぼくが知らない深夜ラジオの話をしてくれました。おもしろそうだったので、ぼくも聞いてみようかなと思いました。

🐱　作文が書けない理由の3つめ──「文がうまく書けない」。これが、一番簡単に解決できる

😊　嘘だろ。そんなに簡単に、うまい文が書けるようになるのか？

🐱　違う違う。そもそも、うまい文が書けなくて当然なんだ。だって、プロの作家でも、うまい文を書く人は少ない。まして、健は中学生。うまい文が書けなくても当たり前さ

😊　……

27

🐱　はっきり言うと、いきなりうまい文を書こうなんていうのは、プロ野球のピッチャーからホームランを打つようなもんだよ

😊　なるほど。たしかに、無理だ

🐱　健は、書く前から、「うまく書こう」とか「おかしな文を書いて笑われないかな」とか、いろいろ気にしすぎるんだと思うよ

😊　下手な文でもいいんだ

🐱　それは、違う。「下手でもいい」じゃなくて、「うまくなくても、読みやすければいい」と考えなきゃ

いきなり、うまい文を書くのは無理。
それより、読みやすい文を目指そう。

😊　読みやすい文って、どんな文なんだ？

🐱　それについては、もう少しあとで話してあげるよ

🐱　さぁ、書けない理由は、すべて解決した。張りきって、遠足の作文を書き上げよう。それからは、本格的に文章を書くトレーニングだ

書けないというのは、思い込み。
自分に催眠術をかけてはいけない。
文は、誰にでも書ける。

何を書けばいいかわからないという、答えが出ないような問題を自分に出し、答えが見つからないから書けないと、理由づけしてしまう。

そうすると、本当に書けなくなってしまう。

まずは、単純に考えて、書ける答えを見つけよう。

🐱 それで、いつまでに書かないといけないんだい？

🧑 明日が提出日なんだ

🐱 そりゃまた、急な話だね

🧑 1週間前に出た宿題なんだけど、なかなか書く気にならなくて

🐱 そんなに時間があったのに、どうして書かなかったんだい？

🧑 ダナイと違って、いろいろつきあいがあるんだよ。カラオケにも行かないといけないし、読みたいマンガも溜まってたし……

🐱 健に、「自業自得」という言葉を教えてあげるよ

締めきりは、意外と早くやってくる。

書くことが決まれば、作文は書けたも同然！

まとまりのある文章を書けるようになろう！

書くことを決めよう

書き出した出来事や理由から、1つだけ選ぶ。

どう書けばいいのかわからないときは、
ツイッターに呟くならどうするか考えてみよう。

タケシ @Takechanman
遠足の途中www 翔のバカ話パネエwww
💬 2　🔁 1　♡ 16

その場にいなかった人にもわかるように、
言葉を言い替えたり、つけ加えたりしよう。

> 遠足の途中www ➡ 目的地まで、話しながら歩いた
> 翔 ➡ 友達の翔君
> バカ話 ➡ 深夜ラジオの話
> パネエ ➡ おもしろそう

そうすることで、
どの出来事がきみの心に
残ったかがわかる

「文字数が足りない」問題

事実や出来事をつけ足す。

> ・どんなラジオ番組なのか
> ・友達の翔君はどんな様子で歩いていたか
> ・どのくらいで目的地に到着したか

どう感じたか、気持ちをつけ足す。

> ・ラジオ番組のどんなところがおもしろそうだったか
> ・翔君と話しながら歩いていて、どう感じたか
> ・目的地に到着したときに、どう感じたか

トレーニング編 **1**

文章力アップの
基本は読書だけでOK!

　ダナイから、トレーニングウェアに着替えるように言われた。

「どうして、着替えないといけないんだ？」

「今からやるのは、文章を書けるようになるトレーニング。だったら、トレーニングウェアに着替えるのは、当たり前だろ」

　……納得できない。

「着替えたら、出発するよ」

「どこへ？」

「ついてくれば、わかる」

　そう言って、ダナイは、ぼくの部屋の窓から外に出た。隣（となり）の家の屋根を、トッテッテッテと歩いていく。メタボのわりに、軽い足並みだ。

「おい、ちょっと待てよ！」

　慌てて玄関（げんかん）から靴（くつ）を持ってきて、ダナイのあとを追いかける。

　屋根から木をつたい、地面に降りたダナイは、細い路地から路地へ歩いていく。猫なら簡単かもしれないけど、人間のぼくには、なかなか大変なルートだ。

「いったい、どこへ行くんだよ……？」

　フラフラになったぼくは、ようやくダナイに追いついた。

「ここだよ」

　ダナイが止まったのは、図書館の前だった。

🐱 どうして、図書館？

🐈‍⬛ 図書館には、何がある？

🐱 本に決まってるじゃないか

🐈‍⬛ 本には、何が書いてある？

🐱 文章……だけど

🐈‍⬛ そのとおり。文が書けるようになるには、たくさん本を読むことが大事なんだ。たくさん本を読めば、それだけで文は書けるようになるとも言える

読書は、文を書くための基本。
たくさん読めば読むほど、自分の中に文章が溜まってくる。
そして、それは、文を書くときの燃料になる。

🐈‍⬛ 健は、悲しいときの気持ちを、どんな風に書く？

🐱 「悲しい」……かな？

🐈‍⬛ うれしいときは？

🐱 「うれしい」

🐈‍⬛ 太陽が西に沈むとき、街は、どんな風に見える？

🐱 …………

🐈‍⬛ ものすごく寒い朝、頬に触れる空気は、どんな感じがする？

🐱 …………

🐈‍⬛ いきなり言われても、言葉にできないだろ？　でも、そんな

34

場面を何度も読んであったら、自分の言葉で説明できるんだ。だから、たくさん本を読んだ方がいいんだよ

👦　なんとなく、わかった

絵を描くには、たくさんの絵を見ることが大事。
曲を作るには、たくさんの音楽を聴くことが大事。
同じように、文を書くには、たくさんの本を読むのが大事。
「どうやって書けばいいんだろう？」——迷ったとき、それま
での読書体験が助けてくれる。

🐱　前の飼い主の児童文学作家は、子供の頃からたくさんの本を読んでいた。それはもう、浴びるように——。だから、作家になれたようなものだよ

👦　才能があったんじゃないの？

🐱　それは違う。彼の場合、たくさんの本を読んだおかげで、作家になれたんだ

👦　そうかなぁ

🐱　だったら、健も本を読んでみたらいい。彼よりたくさん本を読んで、それでも作家になれなかったら、彼の方が才能があるってことだろうね

👦　…………

🐱　才能なんて、みんな似たようなもんだよ

たとえば——。

イチロー選手のようになりたいと思っても、なれなかったとき、「自分には、イチローみたいな才能がなかった」と、諦_{あきら}めるか？

それを言うのは、イチロー選手より、たくさんバットを振ってからにしよう。

諦めるのは、いつでもできる。

😺 小さいときから、「本を読め」とか「本を読むのはいいことだ」って言われてきたけど、本当にいいことあるの？

🐱 いくつかあげられるけど、こんなところかな

・読解力、思考力、記憶_{きおく}力、想像力などが身につく
・知識の幅_{はば}が増える
・情報処理能力、コミュニケーション能力が高くなる
・視野が広がる
・人間性が豊かになる
・学力全体が上がる

🐱 もちろん、いいことばかりでもない

・頭の中だけでわかったつもりになり、行動しなくなる
・本が増えると、家が狭_{せま}くなる

🐱　でもね、忘れて欲しくないのは、「文が書けるようになるため」とか「勉強のため」とかだけで、本を読むのはさびしいってこと

😊　どういうこと？

🐱　本を読むのは、楽しいから。——これが基本。「感想文を書くため」とか「国語の成績を上げたいから」なんて目的で読んだら、読書が嫌いになるよ

楽しむために、本を読もう。

誰よりも読書が上手になる4つの視点

4つのことに注目すると、読んだ本のことが好きになれる。

本のこんなところに注目してみよう

登場人物の行動や台詞、心の動きに注目する。

もう一緒にいられない!

・どうして、このような行動をとったの?

・なんで、こんなことを言ったの?

一番盛り上がった場面や記憶に残った場面に注目してみよう。

> ・記憶に残った理由は？
> ・その場面を読んで、どう感じた？

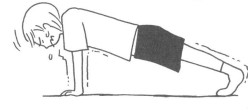

自分を登場人物の立場に、
置き替えよう。

> ・もし、自分だったらどうする？
> ・もし、自分だったらどう感じる？

作者はどんな人だったのか、考えよう。

> ・いつ生まれて、どこですごしたのか
> ・どんな経験をした人なのか

1日たった
200字の日記が
小説家を作り出す

今日は、6時半に起きました。朝ご飯を食べて、学校へ行きました。1時間目は数学で、眠いのを我慢^{がまん}しました。2時間目は体育で、サッカーをしました。3時間目は英語、4時間目は国語。お昼前で、眠かったです。弁当のおかずは、昨日の残りの唐揚^{からあ}げとふりかけご飯。中学生のお弁当なので、もっと栄養バランスを考えて欲しいと思います。午後からは、音楽とHRでした。家に帰ってからは、夕ご飯を食べて、お風呂^{ふろ}に入って、ゲームをしてから寝ることにしました。ベッドに入る前、腕立^{うでた}てと腹筋をしました。

　ぼくが書いた日記を見て、ダナイが、満足そうに頷^{うなず}いた。
「やれば、できるじゃないか」
　うん、自分でも、少し驚いている。
　200字書くって、そんなに難しいことじゃないんだ。
　なんで、日記を書いてるかって？　それは、ダナイにこう言われたからだ。

🐱　今日から、毎日、日記を書くこと

😺　え？　ぼくは、もう中学生だよ。日記なんか、書かなくても
いいだろ

　小学生のときに、日記を書かされていた人は多い。
　その日記は、先生に見せるためのものなので、本当の意味で自
由には書けない。
　本来、日記は、誰にも見せないもの。
　自分の書きたいように書こう。

🐱　健が、書きたいように書けばいいんだよ。あと、日記と日誌
は違うからね。その点は、注意しないといけないよ

😺　どう違うの？

🐱　日誌は、人に見せる前提で書いてあるもの。その日に起きた
ことを、個人の感想なしで書いていくのが普通

😺　なるほど

🐱　前の飼い主の児童文学作家は、教育実習に行ったとき『教育
実習日誌』に給食のメニューの感想ばかり書いてて、とても怒ら
れたって言ってた

😺　それは、怒られるだろうな

　日記と日誌は違う。

日記は何を書いても怒られないが、日誌は、下手なことを書くとマズイことになる。

🐱　あと、1つだけ条件をつけるよ

🧒　え〜、なんでだよ！　日記って、自由に書くものだって言ったくせに

🐱　健に書いてもらうのは、文が書けるようになるためのトレーニング用日記だからだよ

🧒　トレーニング用日記！　なんだか格好いいね

🐱　条件は、毎日200字以上書くこと。それだけだ

🧒　200字って……。原稿用紙の半分だよ。そんなに書かないといけないのか？

🐱　そうだよ

🧒　書くことがなかったら？

🐱　それでも、なんとか書く！　最初の数日は苦労するかもしれないけど、あんがい書けるもんだよ

🧒　本当かなぁ？

🐱　前に、健は、ツイッターなら書けるって言ってただろ。ツイッターの文字数は140文字に制限されている。1回100文字のツイートを2回投稿したら、それだけで200文字になるじゃないか

🧒　それはそうだけど……

🐱　日記と思わず、1日に2回ツイッターを更新すると思えば、書

きやすいかもしれないね。まぁ、やってみたらわかるけど、200文字って、たいした量じゃないよ

本当に、やってみたらわかる。

😊 ……本当に、書けるもんだね

🐱 だから、言っただろ

😊 でもさ、読み返してみても、おもしろくないね。起きた時間とか、授業の順番とか——

🐱 だったら、おもしろいことを書けばいいんだけど、初めのうちは無理しないこと。それより、毎日書くことを大事にしよう

毎日書き続けることは、とても重要。
続けているうちに、文を書くことが、ご飯を食べたりお風呂に入ったりするのと同じように、とても当たり前のことに思えてくる。
また、「日記に書くことはないか？」という目で周りを見ることで、気づかなかったことに気づいたり、見えていなかったことが見えてきたりする。
自然に、頭の中に文章が浮かぶようになる。

😊 不思議だな……。最近、何かしていても、その様子を、頭の

中で文章にしてるときがある。授業中でも、「先生が黒板に字を書くため、ぼくらに背中を向けた。とたんに、みんながザワザワし始める。先生が振り向くと、ピタリと収まる。先生は、ぼくらをしばらく見たあと、また字を書くために背中を向ける。ぼくらはザワザワし始め、先生が振り向くと収まる。誰かが、ぼくの頭の中で『ダルマさんが転んだ』と歌ってる」なんて風に――

🐈 朝井リョウという作家を知っているかな？

😊 まだ、読んだことないけど――

🐈 『時をかけるゆとり』や『世界地図の下書き』などは、きみたち中学生が読んでも共感するところが多いと思うよ

😊 その人が、どうかしたの？

🐈 彼は、小学生の頃から、毎日200字以上の日記を書いていた。そして23歳で直木賞を取り、大作家として活躍しているよ。なおかつ、性格もルックスもいい

😊 よし、ぼくも毎日日記を書くよ。そうしたら、性格とルックスのいい大作家になれるんだね！

🐈 いや……"性格とルックス"については、どうかな……

「日記嫌い」が直る 方法 知ってる？

毎日、書き続けるためには、コツがある。

文章が上達する日記のルール

毎日、書く。
1日200字以上、書く。

「日記に書くことはないか？」という目で周りを見ることで、
気づかなかったことに気づいたり、
見えていなかったことが見えてくる。

日記でも「出来事」と
「気持ち」を
書き出してみよう

ほとんどの文章は
「出来事」と感じた
「気持ち」でできている。

ルールはたった2つだけ！

日記を毎日の習慣にするために

いつどこで、書くのかを決める。
とにかく、一文でもいいから書く。

どうしても疲れてて、
書けなかったというときは、
「今日は疲れていたので、
書けませんでした」でもいいから、
何か書くようにする

トレーニング編 ❸

とりあえず、
好きな本を写してみる

　ダナイが、原稿用紙を持ってきた。いよいよ、今までのトレーニングをいかして、文章を書くときが来たようだ。

「で、何について書けばいいの？」

　シャーペンを持って気合いの入ったぼくの前に、ダナイが数冊の文庫本を置く。

　純文学、ミステリー、ライトノベル、ファンタジーなどなど。ジャンルも、作者もバラバラの本たち。

　どれもこれも、読んだことのないものだ。

「えー、読書感想文を書けっていうの？　めんどくさいな……」

　ぼくがイヤそうな顔をすると、ダナイは、腕をサッサッサと振った。"指をチッチッチと振る"動作をしたかったのだろうが、指が短くてできなかったのだ。

「心配しなくてもいい」

　ダナイはニヤリと笑い、ぼくに訊いた。

「この中から1冊選ぶのなら、どれにする？」

「…………」

　ぼくは、少し警戒しながら、1冊選んだ。あまり文字のつまってない、すぐに読み終わりそうなミステリーだ。

「じゃあ、好きなページを開いて、原稿用紙に書き写そう」

😊 書き写すって……盗作じゃないか

🐱 写したものを、何かの賞に応募したら盗作だよ。でも、これは文を書くためのトレーニングだから、いいんだよ

😊 どうして、原稿用紙に写すんだ？

🐱 原稿用紙の使い方を知るためだよ。まずは、原稿用紙に慣れないとね

原稿用紙に文章を書くとき、いろんな決まりがある。
・題名は、2〜3マスあけて書く
・名前は、下が1〜2マスあくように書く
・段落の始めは、1マスあける
・小書き文字（「ゃ」「ょ」「っ」など）や句読点（「。」「、」）は、1マス使って書く
・句読点は、行の始めに書くことはできない
行の一番最後のマスに、文字と一緒に書くか、マスの外の欄外に書く

😊 あれ？

🐱 どうかした？

😊 この小説、会話文の最後に、「。」が打ってないよ。教科書には、「。」が打ってあるのに

小説　「今日は、いい天気ですね」

教科書　「今日は、いい天気ですね。」

😊　どっちが正しいの？

🐱　これは、どっちも正しいんだよ

普通、小説では会話文の最後に、「。」を打たない。

「！」や「？」のあと、1マスあけたりする。

🐱　それに、原稿用紙は、文字数が数えやすいからね

😊　そういや、ぼくらが使ってる原稿用紙は、1枚で400文字書けるな

🐱　小論文や試験の問題など、文字数を決められてることが多いだろ。原稿用紙に、文字数を意識しながら書いてると、決められた文字数で文を書けるようになるんだ。そのためにも、原稿用紙の使い方を知らないとね

原稿用紙に文字を書き写していると、400文字の量がどれぐらいかがわかってくる。

😊　でもさ……

🐱　なんだか、不満そうだね

51

😊　原稿用紙の使い方は、小説を書き写さなくてもわかるだろ。それに、文字数も、小説を写さなくてもわかってくるんじゃないかな

🐱　…………

😊　だいたい、書き写しなんて、めんどくさいよ

🐱　じゃあ、書き写す最大の効果を教えてあげよう。それはね、その作家の文章の特徴（とくちょう）がわかるってことだよ。「作家の癖」といってもいいね

😊　どういうこと？

🐱　たとえば、「台風が来ていて、すごい風で家が吹（ふ）き飛びそう」という状況（じょうきょう）を書くのにも、書いた人の特徴が出る。たとえば、こんな風にね

・台風だ。風がすごい。家が吹き飛びそうだ

・台風が来ています。すごい風が吹いています
　家が吹き飛びそうです

・台風のすごい風で、家が吹き飛んでしまいそうだ

・台風のすごい風。吹き飛びそうな家

文章には、書いた人の特徴が表れる。

文の最後を「です」「ます」で終わる人、「だ」「である」で終わる人。

「、」を、たくさん打つ人、まったく打たない人。

1つの文が長い人、短い人。

漢字の使い方、改行のタイミング。

文章の最後を名詞で終わる人、主語と述語を引っ繰り返す人。

いろんな書き方がある。そして、正解はない。

🐱　小説を書き写すと、その作家の特徴がわかる。いろんな作家の小説を写していると、自分にあった文章の書き方がわかってくるんだ

🐱　あと、もう1つ大きな効果がある

😺　何、それ？

🐱　小説家になったような気分が味わえるだろ

😺　……いや、別に、そんなの味わいたくないから

机の上に原稿用紙を広げ、1マス1マスを文字で埋める。

気分は、小説家！

「原稿用紙」のルールが

最初のうちは、周りの木々や空を見る余裕があった。しかし、すぐに顔を上げていられなくなった。

ペダルを踏み込み、ハンドルを自分に引きつける。車体が、ギシギシきしむ。

こんなことするのが文を書くためのトレーニングになるのか？

「どんな気分だい？」

「とりあえず、ダナイの餌を減らしたい」

小説では会話文の最後に、「。」を打たない

「！」や「？」のあと、1マスあけたりする

わかれば、一生困らない

『重い荷物を乗せた自転車登山』

文岡　健

　登山道を自転車で登るよう言われたとき、どうして、そんなことをしなければいけないのか不思議だった。

　でも、走り始めてわかった。自転車で急な坂を登るのは、とってもたいへん。全身をフル稼働しないと、少しも進まない。おまけに、荷台のダナイは重いし……

題名は、2〜3マスあけて書く

段落の始めは、1マスあける

小書き文字（「や」「よ」「っ」など）や句読点（「。」「、」）は、1マス使って書く

「です、ます」か、「だ、である」かを統一する

名前は、下が1〜2マスあくように書く

トレーニング編 ❹

書くことが
「ない」人なんていない！
書くことに
「気がつく」コツを
知らないだけ

　……困った。

　ぼくは、居間のテレビを前に、腕を組む。テレビが、映らない。

　昨日までは、なんともなかった。今日、急に映らなくなったのだ。あと10分で、観たいアニメが始まるのに……。

「どうかしたのかい？」

　呑気な声で話しかけてくるのは、ダナイだ。昨日はクシャミばかりしてたけど、今日は元気そうだ。

　ぼくは、ダナイに説明する。

「テレビが映らないんだ」

「別にいいじゃないか。そのぶん、本を読めばいい」

　ダナイは、あまりテレビを観ない。そんなダナイだけど、

「いいのか？　このままだと、『ちゅるとろ』のコマーシャルも、観られないんだぞ」

　キャットフード『ちゅるとろ』のCMは、大好きだ。画面に登場する雌のペルシャ猫を、とろけそうな目で観ている。

「それは、一大事だ！　健、直せないのか？」

「無理言うなよ」

　首を横に振ると、ダナイがテレビ台の後ろに潜り込む。すぐに出てきたダナイは、アンテナケーブルをくわえていた。

「映らないはずだよ。アンテナが外れていた」

テレビは、アンテナがつながってないと、映らない。

人間も、テレビに似ている。

😊 あ〜、今日の200字日記は、書くことがない……

🐱 本当に、そうなのかい？　わたしには、今の健が、アンテナ
ケーブルの外れたテレビに見えるよ

😊 どういう意味だ？

🐱 テレビ局が番組を放送しても、アンテナケーブルが外れてい
たら、テレビは映らない。健も、アンテナを高くしていないから、
書くことがあるのに、気づかない

アンテナを高くするということは、意識して周りを見ること。

注意深く周りを見れば、書くことはたくさん転がっている。

😊 なるほど……

🐱 書くことがないのなら、テレビが映らなかったことを書いた
らどうだい？

😊 それはいいね

🐱 映らなかった原因を突き止めたのは、このダナイであること
を、忘れずに書くんだよ

😊 でも、テレビが映らなかったことだけで、200文字も書けな
いな

🐱 それは、まだまだアンテナを高くしてないからだよ。テレビが映らなかったとき、どんな気持ちがした？

👦 焦ったよ。見たいアニメの時間が迫ってたからね

アンテナが低いと、自分の気持ちが、どんな風に動いたかがわからない。

本当は、いろいろ感じているのに、見すごしてしまう。

🐱 映ったときは、どんな気持ちだった？　原因を突き止めたわたしに、とても感謝したんじゃないかな？

👦 そりゃありがたかったよ。そうだ、ダナイにプレゼントしようと思って、『ちゅるとろ』の広告を取ってあったんだ。どこに置いたっけ……？

🐱 いや、別に、そんなものはいいから。それより、これで日記も書けるんじゃないか？

👦 う〜ん、もう少し、書くことが欲しいな

🐱 じゃあ、テレビのことを書いたらどうだい？　いつ頃買ったとか、大きさ、色——

👦 買ったのは、3年ぐらい前かな。壊れるには、早すぎると思ったんだ。色は黒で、大きさは36型。……これぐらいかな

🐱 テレビ台の周りは？

👦 グチャグチャしてるってことぐらいしか、書くことないな。

あと、掃除してないから、テレビ台の裏は埃だらけだよ

😺　もう、じゅうぶん書くことが揃ったんじゃないかな。まだ足りないようだったら、最後に「ダナイ様のおかげで、テレビを観ることができます。ダナイ様、ありがとうございます」って書けばいいんだ

「見る」ではなく、「視る」。

「聞く」ではなく、「聴く」。

😀　ダナイに言われたように、アンテナを高くして、いろいろなことを感じるようにしたんだ

😺　なにか気づいたかい？

😀　どうしてケーブルが外れたんだろう？

🐱　……？

😀　あのとき、ダナイはテレビ台の後ろに入って、ケーブルをくわえて出てきた

😺　なにか、不思議なことでも？

😀　ダナイの体に、埃がついていなかった。どうして、埃がついてなかったのか？

🐱　……

😀　ダナイがテレビ台の後ろに入ったのは、今日が初めてではない。実は、昨日、テレビ台の後ろに入って埃だらけになってたん

だ。そして、そのときに、ケーブルを外してしまった。つまり、テレビが映らなかったのは、おまえのせいだ

🐱　なんの証拠があって……

😊　昨日、ダナイはクシャミばかりしていた。それは、体についた埃のせいだ

🐱　……

😊　もう1つの証拠は、テレビ台の後ろに隠してあった『ちゅるとろ』の広告。こんな広告に興味を示すのは、ダナイしかいない！

🐱　素直に、お縄を頂戴します

アンテナを高くするといろいろなものが見えてくる。
その中から、書きたいものを見つければいい。
最悪、書きたいものが見つからなくても、名探偵になれる。

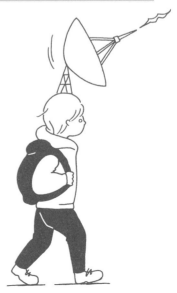

書くことに「気がつく」 4つのコツ

アンテナを高くして、書くことを見つけよう。

身の周りの変化を感じてみよう

場所の変化を探してみよう。

> 新しく買った冷蔵庫は、
> 前の冷蔵庫とどう違うのか

周りの人の変化を探してみよう。

> お母さんが
> エプロンを
> 買い替えたのは、
> なぜだろう

その日、あった出来事を思い出そう

そんなことはない。
なんにもしない日でも
書くことはある！

ゴロゴロ、
寝てただけの日だと
書くことないよ

- 食べない日はない！　夕飯のことを書く
- その日に観ていたテレビやユーチューブの
ことでもいい！
- なぜ、寝るだけで1日を終えてしまったのか、
その理由や言いわけ

自分の好きなものや人をあげてみよう

書くことは自分の中にある。

- 自分の部屋のこだわり
- 仲のいい友達のこと、自慢の
ペットのこと
- 好きな本や映画の好きな理由

トレーニング編 ⑤

どうしても書けないなら、
話してみたら？

　ぼくは、ダナイに言われたトレーニングを毎日続けている。200字の日記、小説の書き写し、そして読書——。本を読むことは、ずいぶん慣れてきた。

「最初から最後まで読まなくていいから。少し読んで、おもしろくなかったら、他の本を読めばいい。途中から読んでもいい。1ページでも1行でも、いいなと思えるところがあれば、ラッキーだよ」

　ダナイから、こう言われてるので、気が楽だ。問題は、日記や書き写しだ……。気をつけて周りを見るようになったので、書くことに苦労することはなくなってきた。

　逆に、書くことが多すぎて困ることもある。そんなときは、シャーペンを持つ指が痛くなって、涙が出てくる。

　指だけじゃなく、肘から先も筋肉痛になる。

「あ〜、もう！」

　ぼくは、シャーペンを置くと、手首をブラブラ振る。

「どうかしたのかい？」

　ひなたぼっこしているダナイが、あくび混じりで言った。

「ダナイ様に教えてもらったトレーニングのおかげで、ぼくは手が痛いんです。なのにダナイ様は、お気楽にお昼寝ですか、そうですか」

🐱　ずいぶん、皮肉っぽい台詞だね。猫は、お昼寝するのも仕事のうちなんだよ。それに健は、トレーニングのおかげで、苦労しなくても書けるようになってきてるだろ

👦　それは、認める。でもさ、頭の中に文ができても、それを書くのが大変なんだよ。手が痛くてさ——

🐱　モーツァルトみたいなことを言うね

👦　もぉつあると？

🐱　ヴォルフガング・アマデウス・モーツァルト。18世紀のオーストリアの音楽家だよ。彼は、頭の中に楽譜が丸々できていて、それを譜面に書き写すことができたそうだ。そうか、健も、モーツァルトレベルになってきたか

👦　もぉつあるとさんが、何やってたか知らないけど、頭の中の文を紙に書き出すのはたいへんだね

🐱　溜め息をついている健に、いいものを教えてあげよう。テレレレッテレ〜！

👦　それっぽい効果音で出してきたけど、それは、ぼくのスマホじゃないか

🐱　『スマホの音声入力アプリ〜！』

👦　……ダナイ、一生懸命真似しようとしてるけど、悲しいぐらい似てないから

文章を書くのに、紙と鉛筆を使う以外の方法がある。

コンピュータやスマホなどのデジタル機械を使い、文字を入力する方法である。

フリック入力、手書き入力、キーボード入力、音声入力など、様々な方法がある。

🐱　健は、コンピュータを使えるのかい？

😊　学校では使うけど、あまり得意じゃないな

🐱　どうして？

😊　だって、キーボード使うだろ。いっぱいキーがあって、どれを押したらいいかわかりにくいし……。あと、マウスも使いにくいし……

🐱　今は、タブレットやスマホが普及してるからね。コンピュータに慣れてないかもね

🐱　じゃあ、健がどれぐらいキーボード入力ができるか、テストしてみよう。「ダナイ」って入力してみてよ

😊　ローマ字でキーを打つんだよね？　「ダナイ」は「DANAI」だから、「D」を打って、次に「A」……。「A」のキーは、どこだ？

🐱　5秒経過……

😊　よし、打てた！

🐱　「ダナイ」の3文字を打つのに、15秒。仕事では、まだまだキーボード入力が必要な時代が続くだろうからね。健も、できるよう

になった方がいいと思うよ。ちなみに、前の飼い主の児童文学作家は、誰かの話してる言葉を、そのまま入力できるぐらいキーを打つのが速かった

😃　すごいね。じゃあ、いつも締めきり前に原稿を完成させてたんだ

🐱　いや、しょっちゅう締めきりをオーバーして編集者に謝っていた。不思議に思って訊いたら、「ただ単にキーを打つのと、文章を打つのは違う。まして編集者さんにオーケーをもらえる文章を打つのは、難しいんだ！」と、もっともな言いわけをしていた

🐱　音声入力の仕方はアプリによって違いがあるけど、いいところは、「速くて簡単」ってことだね

😃　そりゃ、キーを打ったりしなくていいんだから、速いだろうね。あと、話すだけだから、簡単だろうし——

🐱　他にも、いいところがあるんだけど、わかるかい？

😃　……？

🐱　それはね、文を入力するのが楽しくなることなんだ。話した言葉が、すごいスピードで画面に表れるからね。これは楽しいよ

😃　おまけに、手も痛くならない。最高じゃないか

🐱　ただ、完璧じゃない。改行や、句読点の打ち方など、まだまだ改良するべき点は多い

😃　ＡＩ（人工知能）が進化したら、段落を考えて、勝手に改行し

てくれるようになるんじゃないのかな？

🐱　前にも言ったけど、改行の仕方にも、書いた人の個性が出る。それをAIにやってもらうのは、いかがなものかと思うよ

😊　もっと時代が進んだら、頭に浮かんだ文章を、そのまま入力できるようになるんじゃないかな？

🐱　わたしが、あと100回ぐらい生き返ったら、そんな時代が来るかもしれないね

😊　早く、そうなってくれないかな

🐱　わたしは古い猫だから、どれだけ時代が進んでも、原稿用紙に1文字1文字書くのが好きだけどね

楽しいと感じられるのは、とても大切。

手書き、キーボード入力、フリック入力、音声入力――。

文を書く方法はいろいろあるけど、自分にとって楽しいやり方を見つけよう。

パソコンに文章を添削してもらおう！

手書きやスマホで文章を書いたときに、気をつけたいところ。

コンピュータで文章を書くと、
自動で添削してくれる。
そのときに間違った文章を教えてくれるんだ

便利だな〜

「ら」抜き言葉になってない？
話している言葉を、
そのまま文章にすると間違えやすい。

× ダナイはチョコを食べれない
○ ダナイはチョコを食べられない

「だ、である」と「です、ます」が混ざってない？

文体が統一されているか、
チェックをしよう。

> × ぼくは中学生だ。だから、学生服を着ています
> × ぼくは中学生です。だから、学生服を着ている
> ○ ぼくは中学生です。だから、学生服を着ています
> ○ ぼくは中学生だ。だから、学生服を着ている

文章の最初と最後に気をつけよう

読んでみて、変な文章だと感じるときは
「文のねじれ」があることが多い。

文章の最初と最後が
あってないことを「文のねじれ」という。

> × ぼくの夢は、小説家になりたいです
> × ぼくの夢は、小説を書きます
> ○ ぼくの夢は、小説家になることです
> ○ ぼくは小説家になりたいです

トレーニング編 ❻

困ったときは……神様より
「テンプレート」に頼る

　またまた、ぼくは困っていた。

　目の前には、何も書いてないピンクの便箋。

　さて、何を書けばいいのか……。

　ダナイが、ぼくの手元を覗き込む。

「どうしたんだい？　かなりのトレーニングを積んだ健が、文章で迷うなんて」

　そうなんだよな、下手に自信をつけちゃったから、こんなことになっちゃったんだ。

　ことの起こりは、友達の須藤翔が悩んでるところに話しかけてしまったことだ。

「友達思いだな、健は」

　ダナイの感想を無視して、ぼくは続ける。

　翔は、クラスメイトの高嶺花奈に片思いしている。いよいよ告白しようと、ラブレターを書くことにした。だけど、どうやって書けばいいかわからない。

「そういえば、健は文を書くのが得意になったって話だな？」

――こう言われて、ぼくは胸を張ってしまった。

「まぁね！」

　この答えを聞いたダナイは、前足で頭を抱えた。

🐱 で、翔君のラブレターを代筆するようになったわけだ

😊 さぁ、教えてもらおうか。ラブレターって、どう書くの？

🐱 …………

😊 ひょっとして、知らないのか？

🐱 失礼な。わたしは、100万回くらい生きた猫なんだぞ。ラブレターの書き方なんか、当然知っている！

😊 じゃあ、教えてよ

🐱 ……「愛しい愛しい花奈様」

😊 「愛しい」なんて言葉、読めないし、意味も知らないんじゃないかな？

🐱 「月がきれいですね」

😊 ……ラブレターの書き方を教えてくれって言ったんだけど？
天気の話を書くのが決まりなのか？

🐱 文句が多いな。不満だったら、自分で考えたらいいだろ

😊 無理だから、教えてくれって言ってるんだ

🐱 仕方ない。こうなったら、テレレレッテレ～！

😊 今回は、何を出すんだ？

🐱 『テンプレート！』

😊 なんだ、"テンプレート"って？

テンプレートとは、ある程度決まった形がある文章の、見本となるものである。

74

　最初から、文が書いてあったりするので、何もない状態から文章を考えるより、楽に書くことができる。

　挨拶文や報告書など、書いたことのない文章を書かなければいけないとき、テンプレートを活用するのも1つの方法である。

😊　テンプレートって、いろんな種類があるの？

🐱　インターネットで調べてみたらわかるけど、本当にたくさんのものがある。たとえば、健が3年生になって生徒会長に就任したとするよ——

😊　生徒会長？　絶対、そんなことはないと思うけど

🐱　何が起こるかわからないのが人生。そして健は、全校集会で『新生徒会長の挨拶』をしなくてはいけなくなった

😊　無理無理！　そんな挨拶、できっこない！

🐱　そこで役に立つのが、『新生徒会長の挨拶テンプレート』！

😊　そんなテンプレートもあるんだ

🐱　だいたい、こんな感じだね。

〈自己紹介〉

今年度、新生徒会長に就任しました、

3年1組の文岡 健です。

生徒会選挙では、投票していただいたことに感謝します。

公約として掲げた3つの点、

- 学校行事への生徒の意見反映
- 学年間の交流
- 校内の美化

について、達成できるように行動していきます。

そのために、自らアイデアを出していきたいと思います。
もちろん、自分たち生徒会の力だけでは、公約を実現することはできません。
みなさんの協力が必要不可欠です。
いろんな意見を集められるよう、行事へのアンケートや、アイデアを募集します。
ご協力をよろしくお願いします。
これから、他の役員の方と協力しながら、1年間思いっきり頑張ります。
どうぞよろしくお願いいたします。

😊 　なるほど。テンプレートがあったら、（挨拶だけなら）ぼくにもできそうだ

🐱 　テンプレートは、あくまでも参考や見本だからね。自分の言葉で考えるのが大事だってことを忘れちゃダメだよ

😊 　で、話をラブレターの代筆に戻すけど——

🐱 　忘れてなかったか……

🐱 自分のことを知ってもらうのが、ラブレターでは大事なんだけど、翔君って、どんな子なんだい？

😊 バカ正直で、真っすぐな性格してるな。でも、友達思いで、細かい気遣(きづか)いもできる。いいやつだよ

🐱 なるほど。だったら、こんなのはどうかな？

ぼくは、花奈さんのことが大好きです。

でも、突然(とつぜん)、好きと言われても困ると思います。

一度、ぼくの話を聞いていただき、

ぼくのことを知って欲しいです。

よろしくお願いします。

😊 なるほど。あいつらしいラブレターだ

🐱 友達の健なら、もっと翔君のよいところを表現できると思うよ。ふたりがうまくいくように、これを元にして、素晴らしいラブレターを書いてあげてくれ

テンプレートがあれば、どんな文章も怖くない！

文章に困ったときは、テンプレートを探してみよう。

読書感想文のテンプレート

――どうして、この本を読んだのか

この本を友達にすすめられて、読むことにしました。

――本のあらすじを簡単に紹介する

大雪が降る孤島の別荘に閉じ込められた平凡な中学生が、そこで起きた小さな事件を解決する話です。

――感じたことや心に残ったこととその理由を1つから3つあげる

閉じ込められた別荘で、みんなで作った料理を美味しそうに食べているのが印象に残りました。
犯人が悪いことをしたのを後悔していて、悪いことをすると自分自身が辛いのだと感じました。

――いくつかあげたことをまとめる

みんなと仲よくするためには、いいことも悪いこともお互いが譲りあうのが大事だと思いました。

お礼の手紙のテンプレート

―― してもらったことに対するお礼

図書カードのプレゼント、ありがとうございました。

―― してもらったことで起きた、いい変化を1つから3つあげる

おかげで、大好きなシリーズの新刊を読むことができ
ました。

―― 最後にもう一度、お礼

お礼を伝えたくて、お手紙を書きました。
本当にありがとうございました。

テンプレートの探し方

テンプレートを探すときは、ネットで検索しよう。

テンプレート 〇〇〇　🔍

〇〇には用途を入れる。

（生徒会演説、手紙、志望理由、作文、読書感想文など）

いろいろな
テンプレートがあるね

2

「うまい文章」を
スラスラ書く
方法

「表現力がある人」が
こっそりやっていること **❶**

伝わる文章は、
「目」と「耳」と「鼻」と
「舌」と「肌」で書く!

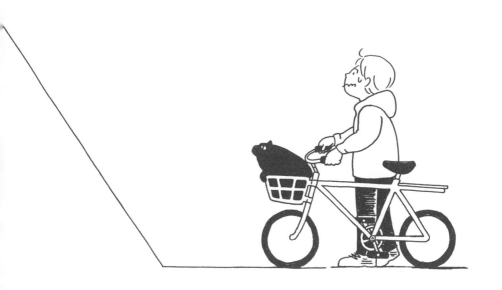

「健は、これまでのトレーニングで、文を書くことに抵抗がなくなったと思う」

　ぼくを前に、ダナイが胸を張る。うん、たしかにそのとおりだ。

「いよいよ本日からは、レベルアップしたトレーニングに入る」

　おお、レベルアップ！　勇者の剣を手に入れた気分だ。

　しかし……。ぼくは、右手をあげる。

「トレーニングが、次の段階に入ったことは、理解した。わからないのは、どうしてここにいるのかってことだ」

　ここは、家から自転車で 1 時間ぐらい走った場所。

　目の前には、車が 1 台ぐらいとおれる幅の峠道。

　舗装されてはいるけど、かなりの急坂だ。ぼくは、道の横に立てられた看板を見る。

『登山道入り口　標高 544m』

「文を書くのに、登山するのか？」

　ぼくが聞くと、ダナイが微笑む。

「最近、健は運動不足だからね。ちょうどいいだろ」

「…………」

　いろいろ言いたいことがあるけど、運動不足は事実だ。

　ぼくは、自転車を脇の木にもたれさせ、チェーンロックをかけた。

🐱 あれ？　どうして、鍵_{かぎ}をかけるんだい？

😺 自転車を置きっぱなしにしたら、盗_{ぬす}まれるかもしれないじゃ

ないか

🐱 何言ってるんだ？　今から、自転車に乗って、山を登るんだ

ぞ

😺 は？

🐱 今、どんな気持ちがした？

😺 ……びっくりした。狂犬病_{きょうけんびょう}にでもかかって、おかしくなった

のかと思った。あれ？　猫も、狂犬病にかかるのか？

🐱 ほとんどの哺乳類_{ほにゅうるい}は、狂犬病にかかるよ。それより、早く登

ろう

😺 どうして、自転車で？

🐱 わたしを荷台に乗せて登るためじゃないか

😺 …………

🐱 家に帰ったら、登山のことを作文に書いてもらうからね

😺 文を書くのにも、かなり慣れたから、自転車で登山するより

は、簡単だよ

🐱 ただし、五感を使って書くこと。これが、条件

😺 ゴカン……？

五感とは、視覚・聴覚_{ちょうかく}・嗅覚_{きゅうかく}・味覚・触覚_{しょっかく}の5つの感覚のこと。

視覚は、目で見る感覚。

聴覚は、耳で聞く感覚。

嗅覚は、鼻でかぐ匂いの感覚。

味覚は、舌で感じる味。

触覚は、肌が何かに触れたときに感じる感覚。

五感を使って文章を書くと、読み手が情景をイメージしやすい。

😊 味や匂いも、書くの？

🐱 そのとおり。理解したら、さぁ、出発！

😊 簡単に言うけど……坂だぞ。ペダルを回しても回しても、なかなか進まない

🐱 情けないこと言わないで！　ほら、もっとスピードを出す！頑張って、頑張って！

😊 平らな道じゃないんだぞ！　おまけに、荷台に重りを乗せてるし──

🐱 重りというのは、わたしのことか？

😊 ダナイは、絶対にダイエットをした方がいい……

🐱 ここで、質問。何が見える？

😊 坂道……。道に覆い被さるように、木が生えてる。その葉っぱの隙間から、青空と雲が見える

🐱 まだ、余裕があるね。聞こえるのは？

😊 自転車が、ギシギシいってる。あと、自分の心臓の音

🐱 匂いは？

😊 草と、落ち葉と混じった土の匂い。ときどき、獣の匂い

🐱 それ、鹿の匂いだね。何か、味はするかい？

😊 汗の味……

🐱 肌に感じるのは？

😊 痛い……

🐱 そりゃ、これだけの坂を登ってるんだから、足が痛いだろうね

😊 いや、足よりも、汗が目に入って痛いんだ。あと、手も痛い。ハンドルを握るのに、すごく力がいる

🐱 風は、感じないのかい？

😊 全然……。ちょっとでも吹いてくれたら涼しいのに

🐱 頑張れ〜！　あと50分ぐらいこいだら、峠のてっぺんだよ

自分が、何を感じているか？
常に意識するのが大事。

　登山道を自転車で登るよう言われたとき、どうして、そんなことをしなければいけないのか不思議だった。おまけにダナイは、「家に帰ったら五感を使った文章で作文を書け」と言う。

　でも、走り始めてわかった。

　自転車で急な坂を登るのは、とっても大変。全身をフル稼働しないと、少しも進まない。おまけに、荷台のダナイは重いし……。

　最初のうちは、周りの木々や空を見る余裕があった。しかし、すぐに顔を上げていられなくなった。見えるのは、自転車の車体と前輪、アスファルトの道路と、そこに落ちる汗。

　ときどき、立ちこぎをするため体を伸ばすと、汗が目と口に入ってくる。塩辛いし、目にしみて痛い。

　ペダルを踏み込み、ハンドルを自分に引きつける。車体が、ギシギシきしむ。

　こんなことするのが、文を書くためのトレーニングになるのか？

　──そんなことを考えてる余裕はなくなり、頭の中が空っぽになった。

　どうにかこうにか峠のてっぺんに着いて、地面に寝転がるぼくに、ダナイが訊いた。

「どんな気分だい？」

とりあえず、ダナイの餌を減らしてダイエットさせようと思った。

今日の夕飯の食レポが表現力を磨く？

気持ちを伝える文章には、必ず五感が入っている。

食事の感想は五感を使うと伝わりやすい

『ちゅるとろ』ってどんな食べ物？

テレビで食べ物を紹介する
「食レポ」では、
五感を使って料理のよさを
伝えているね

目で見て ➡ 茶色くて、なめやすいペースト状

耳で聞いて ➡ 袋（ふくろ）から直接なめると、ペタペタと音がする

鼻でかいで ➡ うま味がギュッとつまった魚介（ぎょかい）の香り

舌で感じて ➡ ほたてとトロが煮込（に）まれているから、
　　　　　　舌の上でとろけるほど柔（やわ）らかい

肌に触れて ➡ スティック状の小袋をぎゅっと押すと、
　　　　　　1口ぶんだけ出てきて、食べやすい

自分の経験を伝えるときにも五感を使おう

マラソン大会でどう感じた？

目で見て ➡ 道にたくさんの観客が応援（おうえん）している
　　　　　参加者は体育着に
　　　　　　色取りどりの運動靴を履（は）いている

耳で聞いて ➡ 「頑張れー」という観客の声、
　　　　　　緊張（きんちょう）でバクバクと鳴る心臓の音

鼻でかいで ➡ 汗の匂い

舌で感じて ➡ 口に入った汗の塩辛い味

肌に触れて ➡ 走ると風が当たる
　　　　　　地面の振動（しんどう）が伝わる

うう……
マラソンはツライ

「表現力がある人」が こっそりやっていること ❷

気持ちは「記号」にしてから 文章にすると、 なぜか伝わる

ダナイが、おかしい。

話しかけても、「にゃあ〜」としか答えない。

いや、猫だから普通といえば普通なんだけど、ダナイは100万回くらい生きた猫。今まで、鬱陶しいくらい人間の言葉を話していたのに……。

「どうしちゃったんだよ、ダナイ？」

するとダナイは、「にゃあ〜」と一声鳴くと、机の上に飛び乗った。そして、スタンプ台のインクを爪の先につけた。

「何をする気だ？」

ぼくの質問を無視し、紙に渦巻き模様のようなものを描く。

そして、少し得意げに、ぼくに紙を見せる。

「何を描いたんだ？」

ぼくは、首を捻る。

「ナルト？　それとも蚊取り線香か？」

それに対して、ダナイが溜め息をつく。そして、口を開く。

「このトレーニングの問題点は、描く側が感性豊かでも読み取る側に感受性というものがないと、何をやってるかわからないということだね」

ようやくしゃべったダナイに、ぼくは言った。

「これ、トレーニングなのか？」

😺　わたしが話さなくて、不安だったかい？

😊　うん。ダナイが、おかしく——というか、普通の猫になっちゃったのかと思った

😺　言葉というのは、とても便利なものだ。いろんな気持ちを、相手に伝えることができる。しかし、言葉を使えるために、自分の気持ちを深く考えずに口にしてしまうことがある。そんなことを繰り返していると、自分の気持ちを深く考える習慣がなくなってしまう

😊　なるほど

😺　たとえば、「悲しい」という気持ち。言葉にしたら「悲しい」の一言だけど、それが自分の気持ちをもっともよく表しているかな？

😊　そういえば、「哀しい」という漢字もあるね

😺　まずは、自分の気持ちを、深く考える。そして、それが相手に伝わるように、言葉以外の記号や線、色で表す——これが、今日のトレーニングだ

😊　…………

😺　というわけで、今日は200字日記を記号で書いてみよう！

😊　えっ

😺　この真ん中に描いてある迷路みたいなのは、なんだい？

😊　迷路そのものだよ。今日、数学の小テストがあったんだ。さっ

ぼくが描いた図

ぱりわからなくてさ——。そのときの気持ちを考えたら、まるで迷路に入り込んだみたいだってことに気づいたんだ。周りのクラスメイトは、すらすら解いてるし……

😺　迷路を取り囲んでいる棘のついた線と、ぎざぎざの線が、周りを見たときの気持ちなんだね。全体に、細い線が何本も引いてあるのは？

😊　テストが返ってくるときのことを考えたら、どこか高いところから落ちてるような気持ちになってさ。バンジージャンプしてるような気持ちっていうのかな……。それを線で表したんだ

😺　紙全体が、グチャグチャになってるのは？

😊　説明しなくてもわかるだろ。テスト用紙を、丸めて捨てたかったからだよ

😺　よっぽど、解けなかったんだね

😊 文章のトレーニングより、数学の特訓をしなければと思った
よ。というわけで、数学を教えて欲し——

🐱 さて、次の段階だけど

😊 今、ぼくの言葉を、無理に聞かないようにしただろ

🐱 健は、自分の気持ちを深く考えることができた。それを元に、
200字の作文を書いてみよう

　言葉以外の方法で表現することにより、自分の気持ちをより深く考えたり、気づいたりすることができる。

　そこから文章化すると、言葉だけで考えていたのでは書けないような表現が見つかる。

　　今日、数学の小テストがあった。さっぱりわからなくて、まるで出口のない迷路に入り込んだような気持ちになった。周りのクラスメイトは、すらすら解いてる。耳に聞こえてくるのは、シャーペンが答えを書き込む音。流れるように答えを書くみんなが、とてもうらやましい。時計を見ると、もうあまり時間がない。気持ちがチクチクして落ち着かない。テストが返ってくるときのことを考えると、高いところから落ちているような気持ちになった。白いところばかりの、こんなテスト用紙、丸めて捨ててしまいたい。

👦 ちょっと驚いている。線や記号で書いたあとだからか、いっぱい気持ちを書くことができたよ。もし、言葉だけで考えてたら、「数学の小テストがあった。結果は、最悪だと思う」——これで終わってたような気がする

🐱 余裕のあるときや、いつもと違う感じで文を書きたいときは、ぜひやってみることを、おすすめするよ

👦 それで、最初にダナイが描いた渦巻き模様は、何を表してたんだ？

🐱 感受性の乏しい健のために、わかりやすく描いたんだけどね。今のわたしの気持ちだよ

👦 さっぱりわからない

🐱 最近、ダイエットとかいって、わたしの食事を減らしてるだろ。だから、お腹がすいて目が回るのを表現したんだ

👦 これで、自分のことを"感性豊か"と言いきる、ダナイの自信はどこからくるんだ？

自分の気持ちを知るだけで、感性は豊かになる。
感性が豊かになると、自然に表現できる。

95

あのときの自分の 気持ちを 思い出してみよう

1つの出来事から感じた、気持ちを探してみよう。

その気持ちになったとき、どう思った？

サッカーの試合で勝って、うれしかったとき。

- 頑張って練習してきてよかった
- 仲間とすぐにでもお祝いしたい

テストの点が悪くて、
悲しかったとき。

- 結果がよかった友達が
  うらやましい
- お母さんに解答用紙を
  見せたくない

その気持ちになったとき、体や表情はどうなった？

**体の状態や表情のことを文章にすると、
もっと深く感情を表現できたりする。**

サッカーの試合で勝って、うれしかったとき。

- 思わず、仲間に抱きつく
- うきうきと足取りが軽くなる

テストの点が悪くて、悲しかったとき。

- 猫背になって、表情が暗くなる
- 胸に穴があいたように、
  チクチク痛くなる

帰りたく
ない…

38てん…
？

「表現力がある人」が
こっそりやっていること ❸

まずたくさん書いて、
いいところだけを残す

　ぼくの前には、お皿に載ったリンゴが1つ。
「デザート？」
　そう訊くと、ダナイは首を横に振る。
「これが、今回のトレーニング。リンゴのスケッチだよ」
　この間は、自転車で山登り。今回は、スケッチ。文章のトレーニングなのに、字を書かなくてもいいのだろうか？
　でも、ダナイの言うとおりにしてきたから、ぼくは文が書けるようになってきた。
　いろいろ疑問もあるけど、ダナイの言うことに間違いはない。
　ぼくは、4Bの鉛筆を持ち、スケッチブックを開いた。
　ダナイが、今度は首を捻る。
「何するんだ？」
「ダナイに言われたように、スケッチするんだけど——」
　指——というか、前足をワイパーのように振るダナイ。
「言葉が足りなかったようだ。絵を描くんじゃなくて、言葉でスケッチするんだよ」
「は？」
　今度は、ぼくが首を捻る。
「だから、リンゴを言葉で書くんだよ」
　……意味が、わからない。

🐱 リンゴの絵を描くとき、どんなリンゴか、よく見るだろ？

😺 そりゃ、見ないと描けないからね

🐱 よく見て、線を描く。描いた線が、どうもおかしいと思ったら、また違う線を描く。この繰り返しをして、より本物のリンゴに近づけていく

😺 リンゴを絵で描くのはわかるけど、どうやって言葉で書くんだ？

🐱 絵と一緒だよ。まず、よく見る。そして、見たことを言葉で書く。健なら、どう書く？

😺 「リンゴ」

🐱 ……それだけ？

😺 だって、リンゴじゃないか

🐱 そりゃそうだけど、「リンゴ」だけだったら、他のリンゴと区別がつかないだろ。健の前にあるリンゴを、言葉で書くんだ

😺 じゃあ、「ぼくの前に、皿に載ったリンゴがある。赤いリンゴだ」。——これで、どうかな？

🐱 まだまだ足りないね

😺 …………

🐱 今までのトレーニングを思い出せば、書けるはずだ。合格ラインは、200文字以上

目の前にあるのは、どんなリンゴか？

見るではなく、視る。そして、五感を使う。
文を読んだ人が、頭の中にイメージできるよう、できるだけ詳しく言葉で書く。

　　　ぼくの前に、皿に載ったリンゴがある。赤いリンゴだ。ただ、全体が赤いわけではない。かすかに白い斑点が散らばってるし、軸がついているところは黄色い。大きさは、ソフトボールぐらい。丸いというより、岩のようにゴツゴツしている。表面がワックスを塗ったようにピカピカで、よく見ると、部屋の様子が映り込んでいる。持ってみたら、想像していたより重い。ずっしりした重さが、手に伝わってくる。いい匂いがして、思わずかじりたくなった。

🐱　やればできるじゃないか

😺　……燃え尽きたよ。もう1文字も出てこない気分だ

🐱　でも、そのぶん、どんなリンゴかということはよく伝わってくる。色、大きさ、形、重さ、匂いなどが書かれてるけど、健が一番伝えたいことはどれかな？

😺　形かな？　リンゴって、もっと丸いイメージがあったんだけ

ど、違っていた。あと、表面に部屋の様子が映ってたのには、少し驚いたよ

🐱　じゃあ、健が伝えたいことだけを残して、他のところをカットしよう

> ぼくの前に、皿に載ったリンゴがある。丸いというより、岩のようにゴツゴツしている。表面がワックスを塗ったようにピカピカで、よく見ると、部屋の様子が映り込んでいる。

最終的に、一番伝えたいところだけを残そう。

😊　こんな風に削(けず)るのなら、たくさん書かなくてもよかったんじゃないか？

🐱　それは違う。最初、健は、200文字書かなければいけないと思ってリンゴを見た。だから、いっぱい気づくことができたんだ。そうじゃなかったら、健の文章は『ぼくの前に、皿に載ったリンゴがある。赤いリンゴだ』という、つまらない文で終わっていただろうね

😊　でも、偉そうに言ってるダナイは、言葉でスケッチできるのか？

🐱 フッ、失礼な。朝飯前とも言えないことだ。嘘だと思うのなら、わたしの前に『ちゅるとろ』を置いてみたまえ。軽く200文字を書いてみせよう

> 『ちゅるとろ』は、前商品『ちゅるつな』から赤身部分を取り除き、より旨味を増した新商品。成分は、厳選されたトロに加え、ほたてのエキスを配合。オリゴ糖や緑茶エキスも加えてあり、猫にとっては、たまらない味になっている。スティック状の小袋にわけられた量は、約14グラム。なめやすいペースト状になっている。食べやすいようにと、皿に出してなめるのは、クールではない、あくまでも『ちゅるとろ』は小袋からなめるのがホット！

🧑 どうしてリンゴじゃダメなんだ？

🐱 わたしは、リンゴを食べるとお腹が痛くなるんだ

🧑 これって、『ちゅるとろ』の広告文になってないか？

🐱 まだまだ書けるぞ！

🧑 ……ダナイの『ちゅるとろ』大好きって気持ちは伝わったよ

1つの「リンゴ」原稿用紙5枚分

1つのものを、いろいろな角度から見てみよう。

触覚
重さ
触り心地

ズリッ

ズルッ

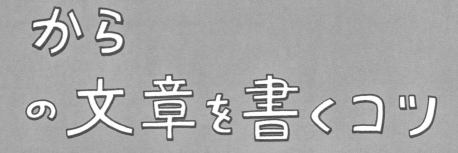

からの文章を書くコツ

視覚

色（1色だけでなく、いくつかの色が混ざっている？）
大きさ（どのくらいの大きさか伝えよう）
形（他のものと比べて、きれい？ 傷がある？）
質感（光沢や凹凸はある？）

聴覚

置いたとき、触ったときの音
話し相手の声

表現を豊かにするたとえは、
連想ゲームで
スラスラ出てくる

「おもしろかった」

　ぼくは、とても満足した気分で、本を閉じる。

　昼寝していたダナイが、右耳をピクンとさせて、目を覚ます。

「珍しいね。健が本を読んで、『おもしろかった』と言うなんて」

　のそのそと、ぼくの方へ歩いてくる。

「なんていう本を読んだんだい？」

「『推理小説の料理法』って本だよ」

「トリックがすごかったのかい？」

「う〜ん、そうでもないな。どっちかというと、しょぼかった」

「じゃあ、探偵などのキャラクターがよかったんだ」

「探偵役は、中学生。どこにでもいるような、平凡な男の子。普通すぎて、つまらなかった」

　答えながら、ぼくは不思議に思う。

　トリックもキャラも、ダメダメ。なのに、どうして「おもしろい」と思ったのだろう？

「ふ〜ん」

　ダナイが、『推理小説の料理法』をペラペラめくる。前足を器用に使い、すごいスピードで読んでいく。

「健が『おもしろい』と言った理由がわかったよ」

　本を閉じたダナイが言った。

🐱 それはね、文中の比喩が独特だったからなんだよ

😊 ひゆ？

🐱 学校で習ってると思うけどね——。簡単に言うと、何かにたとえて表現することだ。これを使うことで、より簡単に相手にイメージを伝えることができる。健が、『推理小説の料理法』をおもしろいと思ったのは、比喩表現が独特で、物語世界をイメージしやすかったんじゃないかな？

😊 そのとおりだと思う。大雪が降る孤島の別荘で事件が起きるんだけど、読んでいる間、自分が別荘に閉じ込められてるような感じがしたからね

🐱 それほど、比喩というのは大事な表現技法なんだ。そこで、今回は比喩のトレーニングをしよう

「強い風が吹いている」という文では、どれぐらい強い風か、イメージしにくい。しかし、「傘が吹き飛ばされそうな風」というように書くと、伝わりやすい。

　比喩は、このように、イメージをわかりやすく相手に伝えることができる。

🐱 比喩には、直喩と暗喩の2種類があるんだけど、まずは直喩を使えるようになろう

😊 直喩ってのは？

🐱 「まるで〜のような」という書き方のことだよ。「柔らかい」のを「豆腐のように柔らかい」と表現するような書き方だ

😊 ああ、これなら自然に使ってる

　直喩は、使い慣れてるだけに難しい点もある。
　たとえば、「豆腐のように柔らかい」と「グミのように柔らかい」では、受けるイメージが違う。
　「豆腐のように柔らかい」では、"もろい""崩れやすい"というイメージがつく。
　それに対し、「グミのように柔らかい」では、弾力が感じられる。
　直喩は、対象物をよく見て使わないといけない。

🐱 直喩を上手に使ってるのは、ラジオのアナウンサーやディスクジョッキーだね。映像に頼れないぶん、あの人たちは、上手に直喩を使ってリスナーにイメージさせている

音だけで聞き手にイメージを伝えるラジオ。

ラジオを聞くと、上手な表現を知ることができる。使えそうだと思った表現は、メモしておこう。

😊　でも、あらためて使おうとすると、直喩って難しいよね

🐱　そこで、簡単な直喩の使い方を教えてあげよう。テレレレッテレ〜！

😊　……いや、本当に似てないから、やめた方がいいよ

🐱　それは、『連想ゲームの1つ飛ばし』〜！　たとえば、前回使ったリンゴ。リンゴから連想するのは？

😊　「赤」

🐱　赤から連想するのは？

😊　「ポスト」かな……

🐱　じゃあ、「ポストのように赤いリンゴ」と書ける

すぐに直喩が思いつかないときは、連想ゲームをやってみよう。

😊　使えそうな連想だったらいいけど、たとえば「リンゴ→ニュートン→万有引力」なんて連想したら、どうするの？

🐱　無理だと思ったら、その連想は捨てる。どんな連想をするかは、その人のセンスだね

😺 直喩はわかったから、今度は暗喩を教えてよ

🐱 暗喩は、直喩のように「まるで」とかいうような言葉を使わない比喩だよ。たとえば、「大事なことを心のメモ帳に書く」というのは、暗喩だね

😺 心のメモ帳か……。なんだか、詩的だね

🐱 比喩は、イメージを伝えやすいといういい面もあるけど、悪い面もあるんだ。たとえば、「短い鉛筆ぐらいの長さ」——健は、何センチぐらいだと思う？

😺 うーん、5センチぐらいかな

🐱 わたしなら、2センチぐらいをイメージする。こんな風に、書き手と読み手の持ってるイメージが違うと、伝わらないんだ。また、不必要に使うと、意味がわからなくなるし、文章のリズムも悪くなる

相手に伝わらないような比喩なら、使わない方がわかりやすい。しかし、それを承知で使うのも、おもしろい。

🐱 「等高線の気まぐれでできたような山奥」——健は、どんな山奥を想像する？

「比喩」で伝わる力がアップする！

比喩を使いこなして、表現力をアップしよう。

直喩を使いこなそう

「(まるで)～のような」という言葉を使って、他のものにたとえる。

> まるで人間のように話す猫

> 豆腐のように柔らかい

比喩はものの大きさや形、質感、それから、心の状態を伝えるときにも役立つ。

暗喩を使いこなそう

「(まるで)〜のような」という言葉を使わずに、
他のものにたとえる。

> 花奈ちゃんは天使だ

> 大事なことを
> 心のメモ帳に書く

擬人法を使いこなそう

人ではないものを人のようにたとえる。

> 雨が降っている ➡ 空が泣いている

> ボールが勢いよく転がる ➡ ボールが走っている

> 火山が噴火する ➡ 火山が怒り出す

113

文章は見た目が９割。
「最低限の正しい文」を
書くだけでも、
うまいと思われる

　ぼくは、物置から出してきた小さな机を部屋に運び込む。椅子ではなく、床に座って使う机だ。

「ほら、ダナイ！　どけ！」

　グゴガガガとイビキをかいてるダナイを足でどけ、机を置く。

　昼寝を中断されたダナイは、不機嫌そうな声を出す。

「どうしたんだ、健。文机なんか持ってきて」

「ふづくえ？」

「そういう、和室で使うタイプの机を、文机って言うんだ。『ふみづくえ』という音が変化して――」

　くどくど説明するダナイを無視し、文机の前に座布団を置く。

　――あとは、着物が欲しいな。

　おじいちゃんの浴衣を借りて部屋に戻ると、座布団の上でダナイが丸くなっていた。ダナイを座布団から放り出し、机の上に原稿用紙の束を置く。

「さっきから、何をやってるんだ？」

「文豪の気持ちを味わおうと思ってね。ほら、少し文が書けるようになっただろ。だから、ちょっと小説でも書いてみようかなって――」

　浴衣に着替えながら、ぼくはダナイに言う。

「ほら、国語の本に出てきそうだろ。写真、撮ってもいいよ」

　返ってきたのは、ダナイの大あくびだった。

🐱　まぁ、形から入るのはいいことだと思うよ

😺　似あう？

🐱　夏祭りではぐれて交番に保護されたところにお母さんが迎え
に来て、大喜びしてる子供のようだ

😺　前回、わかりにくい比喩は使わない方がいいって教えても
らったぞ

🐱　話を戻すと、作家の格好を真似ることも大事だと思う。——
似あう、似あわないのは別として

😺　そうだろ。だから、今回は、この調子で書こうと思うんだ

🐱　それは、いい。では、今回は、美しい原稿を書くトレーニン
グをしよう

😺　それは、困ったな……。ぼく、字が下手なんだ

🐱　字の上手下手の問題じゃない。いや、そりゃ上手な方がいい
んだけど……。美しい原稿というのは、読みやすい原稿という意
味だよ。「です・ます」調の文が、急に「だ・である」調になっ
たら、美しくないだろ

😺　読みやすい文章を書けってこと？

🐱　当然、それもある。だが、読みやすい文章で原稿用紙を埋め
ても、それは、美しい原稿ではない

😺　……？

🐱　たとえば、わたしの名前をどう思う？

😺　『ダナイ』……。外国の猫みたいだ。そのわりに、和食が好

きだよな

🐱 そうじゃなくて、わたしの名前が、もしひらがなだったら？

😊 ひらがなでもカタカナでも、どっちでもいいじゃないか

🐱 わたしは、カタカナの名前が気に入ってるんだ

もし、ダナイの名前がひらがなだったら――。
「もうダナイはいないんだ」という文は、
「もうだないはいないんだ」になり、読みにくい。

😊 たしかに声に出したら同じだけどひらがなだと読みにくいね

🐱 「もう、だないは、いないんだ」と、読点で区切っても、読みにくい。だから、わたしはカタカナの名前がいいんだ

ひらがなが続くと、読みにくい。
逆に、漢字が多くても読みにくい。

> 綺麗な薔薇の香りを嗅ぐと憂鬱になり鬱憤が溜まる ↵

🐱 ――この文、漢字ばかりで、読みにくいだろ

😊 読みにくいというより、知らない漢字ばかりで読めないよ

🐱 「きれいなバラの香りをかぐと憂鬱（ゆううつ）になり鬱憤（うっぷん）が溜まる」って読むんだよ

117

😺 『きれい』とか『バラ』は、わざわざ漢字で書かなくてもいいよね

現在、デジタル機器を使って文字を入力する機会が増えている。手書きでは書けない漢字も、デジタル機器は変換^{へんかん}してくれる。「機械が勝手に変換してくれるから」と、気軽に漢字を多用すると、読みにくい文になる。ひらがなでも意味が伝わる言葉は、~~無闇~~^{むやみ}に漢字にしない方が読みやすい。

😼 「憂鬱」や「鬱憤」もひらがなで書いてもいいんだけど、意味が伝わりにくくなる。そういうときは、振りがなを振ればいいんだ

😺 振りがながあると、知らない漢字も読めるようになってくるね

😼 昔の新聞は、漢字に振りがなが振ってあったので、自然に読みを覚えたりもしたよ

現在、新聞の振りがなは増えてきている。新聞を読もう。

😼 あと、改行も大事だね。前に書いた『ちゅるとろ』の文章も、読みやすくなるように改行すると、こんな風になるよ

『ちゅるとろ』は、前商品『ちゅるつな』から赤身部分を取り除き、より旨味を増した新商品。

　成分は、厳選されたトロに加え、ほたてのエキスを配合。オリゴ糖や緑茶エキスも加えてあり、猫にとっては、たまらない味になっている。

　スティック状の小袋にわけられた量は、約14グラム。なめやすいペースト状になっている。

　食べやすいようにと、皿に出してなめるのは、クールではない、あくまでも『ちゅるとろ』は小袋からなめるのがホット！

😀 ……いくら改行しても、元の文が読みにくいから、あまり変わらないような気がするよ

🐱 あと、ひらがなや漢字の使い方には、書いた人の浪漫（ろまん）がある。それは大事にしたいね

😀 「ロマン」じゃなく、「浪漫」なんだ

119

見た目の美しさを追求すると、文章がうまくなる

文章は、簡単なことで読みやすくなる。

ひらがな？　それとも漢字？

読みやすさを意識して、使う文字を決めよう。

カタカナを入れたり、読点を入れたりすれば読みやすくなる

はも…

だないはもういないんだ

ダナイは、もういないんだ

綺麗な薔薇の香りを嗅ぐと憂鬱になり鬱憤が溜まる

きれいなバラの香りをかぐと憂鬱(ゆううつ)になり鬱憤(うっぷん)が溜まる

漢字ばかりでも読みにくい

薔　麗　鬱

バランスを見ながら、調整してみよう。

改行にルールはない

ルールはないけど、こんなときに改行をすると読みやすくなるかもね。

・台詞のあとに
・リズムのいいところ
・話題を変えるときに
・1つの段落が長くなってきたら

比べたら読みやすさの違いがわかる！

『ちゅるとろ』は、前商品『ちゅるつな』から赤身部分を取り除き、より旨味を増した新商品。成分は、厳選されたトロに加え、ほたてのエキスを配合。オリゴ糖や緑茶エキスも加えてあり、猫にとっては、たまらない味になっている。スティック状の小袋にわけられた量は、約14グラム。なめやすいペースト状になっている。食べやすいようにと、皿に出してなめるのは、クールではない、あくまでも『ちゅるとろ』は小袋からなめるのがホット！

『ちゅるとろ』は、前商品『ちゅるつな』から赤身部分を取り除き、より旨味を増した新商品。

　成分は、厳選されたトロに加え、ほたてのエキスを配合。
　オリゴ糖や緑茶エキスも加えてあり、猫にとっては、たまらない味になっている。

　スティック状の小袋にわけられた量は、約14グラム。なめやすいペースト状になっている。

　食べやすいようにと、皿に出してなめるのは、クールではない、あくまでも『ちゅるとろ』は小袋からなめるのがホット！

「表現力がある人」が
こっそりやっていること ❻

伝わる、わかりやすい、
心に残る。
短い文こそ、名文！

　またまたまた、困った状況だ。

　ぼくは、真っ白の便箋を前に、腕を組む。かれこれ1時間ほど、この姿勢で固まっている。

「また、ラブレターを頼まれたのかい？」

　昼寝から目を覚ましたダナイが、話しかけてくる。

「田舎のおばさんから、図書カードをもらったんだ。そのお礼の手紙を書くように言われたんだけど、なんて書いていいかわからなくて……」

「ふむ」

　のっそり起き上がったダナイが、爪の先にインクを塗って紙に「？」と書いた。

「フランスの小説家、ヴィクトル・ユーゴーは、自分の本の売れ行きを出版社に訊くのに手紙を書いた。その手紙には、『？』の1文字が書かれていたんだ。そして、出版社からの返信には『！』と書かれていた。つまり、『本は売れてますか？』『とても売れてますよ！』というやり取りだったわけだ」

　ペラペラと話すダナイに向かって、ぼくは溜め息をつく。

「それが、お礼の手紙を書くのに困ってるぼくに、何の関係があるんだい？」

🐱　手紙に関して、もう1つ有名な話をしてあげよう

😊　いや、それより、手紙の書き方のトレーニングをして欲しいんだけど……

🐱　この話は、今の健には必要な話だと思うよ。それは、「忙しいから短い手紙が書けない」と、手紙に書いた人の話だ。書いたのは、フランスの天才、ブレーズ・パスカルだ

😊　パスカルって、「人間は考える足である」って言った人だろ？

🐱　大きく間違っている。本当は、「人間は考える葦である」だからね

😊　でも、妙なことを言う人だね。「忙しいから長い手紙が書けない」を言い間違えたんじゃないのか？

🐱　パスカルが言いたいのは、短くてわかりやすい手紙を書くのには、時間がかかるといいたいんだよ。というわけで、今回のトレーニングは、短い文章の書き方だ

😊　あの……手紙の書き方は？

　短い文は、文章の基本。
　この場合の"短い文"は、"1つの文が短い"ことと"文章全体が短い"ことをあわせて言っている。
　短い文にしようと思うと、本当に書きたいことしか書けない。
　また、主語のあとにすぐ述語が来るので、意味が伝わりやすい。
短い文を書くことを、意識しよう。

😊 でもさ、短い文を書くなんて、簡単だろ？

🐱 それは、素人が、剣豪（けんごう）が刀を振るのを見て「自分にもできそうだ」と思うのと同じだよ。簡単そうに見えて、なかなか難しいんだ。試しに今日の日記を書いてみなよ

> 今日は、体育でバスケの試合をした。ぼくらのチームは、4試合して2勝1敗1わけだった。1試合目はバスケ部員のいるチームとの試合で、勝てなかった。2試合目はバスケ部員はいなかったけど、運動神経のいいやつらが集まっていて、引き分けだった。3試合目と4試合目に勝てたのは、敵のミスと、ぼくが打ったスリーポイントシュートが入ったからだ。みんなは、まぐれだと言うけど、ぼくが放課後にスリーポイントシュートの練習をしていたことを、みんなは知らない。そのあとの給食の鶏肉（とりにく）のチリソースは、とてもおいしかった。

😊 ダメだ……。今まで、いろんなことを見つけて書くトレーニングを受けてるから、短い文で書くのができなくなってる

🐱 いろんなマズイところはあるけど、何を書くか決めきれていないのが最大のミスだね。健が書きたかったのは、バスケの試合で活躍したことかい？　それとも、鶏肉のチリソースがおいしかったことか？

😊 そりゃ、バスケの方だよ

🐱　だったら、最後の文「そのあとの給食の鶏肉のチリソースは、とてもおいしかった。」は、カットした方がいい。もしくは、「そのあとの給食は、とてもおいしかった。」だけでいい

😊　なるほど

🐱　バスケでの活躍を中心に書くのなら、前半部分の構成をやり直さないといけないね

短い文は、何を中心に書くかを、しっかりつかまないといけない。

🐱　じゃあ、こんな風に書き直そう

> 　今日は、体育でバスケの試合をした。1勝1敗1分けで迎えた第4試合。ぼくのスリーポイントシュートで勝つことができた。みんなは、まぐれという。でも、彼らは知らない。ぼくが、放課後にスリーポイントシュートの練習をしていたことを――。
> 　そのあとの給食は、とてもおいしかった。⏎

😊　これなら、ぼくの努力で試合に勝ったってことが、とてもよくわかる。名文だ

🐱　ちなみに、放課後の練習は、何日ぐらいやったんだ？

😊　2日だったかな

🐱　……やっぱり、まぐれだと思うよ

大切なのは、本当に書きたいことを丁寧（ていねい）にわかりやすく書くこと。

> 図書カード、ありがとうございました。
> 中学生になって勉強の量も増え、参考書や問題集も必要になってきます。
> そのとき、いただいた図書カードを使わせてもらおうと思います。

🐱　うん、これなら、おばさんも「プレゼントしてよかった」と思ってくれるだろうね

文章を短くするだけで、読みやすい文章になる

わかりにくい文章は、短くするだけでも美しくなる。

長い文を短くちぎろう

長い文章を短くすると読みやすくなる。

1つの文章が長くなると、何が言いたいのかわかりにくい

今日、体育でバスケの試合をした~~し~~ ぼくらのチーム
は、4試合して2勝1敗1分け~~で~~ 1試合目はバスケ部
員のいるチームとの試合で、勝てなかった~~けど~~ 2試
合目はバスケ部員はいなかった~~けど~~ 運動神経のいい
やつらが集まっていて引き分け~~で~~ 3試合目と4試合
目に勝てたのは、敵のミスと、ぼくが打ったスリーポ
イントシュートが入ったから~~なのに~~ みんなは、まぐれ
だと言う。ぼくが放課後にスリーポイントシュートの
練習をしていたことを、みんなは知らない。

（訂正）だった。／だった。／だ。

なが...

「、（読点）」を使うと長い文章が書けるけど、読みにくい。
「、」を「。（句点）」に変えて、
文章の終わりを整えると、短い文に改造できる。

今日は、体育でバスケの試合をした。ぼくらのチームは、4試合して2勝1敗1分けだった。

1試合目はバスケ部員のいるチームとの試合で、勝てなかった。

2試合目はバスケ部員はいなかったけど、運動神経のいいやつらが集まっていて、引き分けだった。

3試合目と4試合目に勝てたのは、敵のミスと、ぼくが打ったスリーポイントシュートが入ったからだ。

みんなは、まぐれだと言う。ぼくが放課後にスリーポイントシュートの練習をしていたことを、みんなは知らない。

「難しい文章」を
読めるようになると、
伝える力も上がる

　さっきから、ぼくは迷っている。

　目の前には、カップうどんとカップ焼きそば。どちらを、おや
つに食べるべきか……。

　この問題は、深い。

「目をつぶって、適当に指さしたら？」

　ダナイが、あくび混じりに言った。

「バカなことを言うな！　この重要な問題を、そんな適当な方法
で決められるわけないだろ！」

　ダナイを怒鳴りつけてから、考える。

　和風出汁のきいたカップうどんには、大きな厚揚げも入ってい
る。一方、ソース味のカップ焼きそばには、細かく刻んだキャベ
ツ。

　今、ぼくのお腹は、どちらを求めてるんだ？

　和風出汁か、ソース味か……。

　じっくり考えた結果、ぼくはカップうどんに手を伸ばす。

　その瞬間、

「そういえば、カップラーメンもあったよ」

　ダナイが、口を挟んだ。ぼくの手が止まる。

　頭の中で、うどんと焼きそばとラーメンが、グルグル回る。

　……ダメだ、決められない。

🐱　カップうどんしかなかったら、迷うこともなかったのにね。うどんと焼きそば──2つあるから、ややこしいことになったわけだ

😊　ラーメンをつけたして、さらにややこしくしたのは、ダナイだからな

🐱　同じように、主語がいくつもあったり、主語と述語の関係がわからないと、文章の意味が捉えられないよね

😊　……今回、持っていき方が、かなり強引だね

🐱　というわけで、健にテストを受けてもらおうと思う

😊　テスト！

🐱　正確には、調査だね

Ⓐ 幕府は、1639年、ポルトガル人を追放し、大名には沿岸の警備を命じた。

Ⓑ 1639年、ポルトガル人は追放され、幕府は大名から沿岸の警備を命じられた。

🐱　ⒶとⒷの文が表す内容は「同じ」か「違う」か？

😊　「違う」だろ

🐱　ふむ……。では、次の問題

仏教は東南アジア、東アジアに、キリスト教はヨーロッパ、南

132

北アメリカ、オセアニアに、イスラム教は北アフリカ、西アジア、
中央アジア、東南アジアにおもに広がっている。

🐈 オセアニアに広がってる宗教は？

😺 キリスト教だろ

最初の問題で正解した中学生は約57%。次の問題で正解した中
学生は62%。

意外と正答率が低い。書き手は、すべての人に意味が伝わると
思って書いているが、すべての読み手に伝わっているわけではな
い。

🐈 健が2つとも正解したので、とりあえず安心したよ

😺 安心って……。これ、そんなに難しい問題じゃないだろ

🐈 健がそう思うのは、わたしのもとでトレーニングして、文を
書いたり読んだりするのに慣れてるからだよ。現に、最初の問題
は半分ぐらいの中学生しか正解してないし、次の問題は、10人の
うち6人ぐらいしか正解してない

😺 それは、よく大人が言う「読書離れ」ってやつが原因なのか？

🐈 いや……わたしが思うに、「文字離れ」だと思う

😺 文字離れ？

🐈 そう。文字を読むことに慣れてないんだ。だから、こんな長

い文を読んで意味を捉えることができない

😺　長文って……100文字ないのに、長文？

🐱　全然運動してない人には、100メートル走もマラソンに思えるもんだよ

😺　…………

🐱　でも、これは中学生だけの問題じゃないと思う。大人も、妙な文章を書く人が増えてるからね。現に、前の飼い主の児童文——

😺　それで、どうしてぼくにテストをさせたんだ？

🐱　わかりやすい文を健が書けるように、わたしはトレーニングしてきた。しかし、それが健のためになってるかどうか、少し不安になったんだ

😺　どういうことだ？

柔らかいものばかり食べていると、噛む力が弱る。

車にばかり乗ってると、足が弱る。

簡単な問題ばかり、あまり考えずに解いていると、難しい問題が解けなくなってしまう。

🐱　わかりやすい文章にばかり接してると、難しい文章を読み解くことができなくなる。たまには、難しい文章に触れて、読解力を鍛えないといけないよ

😊 難しい文章って、どうやったら読み慣れるのかな？

🐱 まずは、読みやすい文を大量に読むことから始めるのがいいと思うよ

😊 ぼくなら、小学生向けの本を読むとか？

🐱 そう。絵本でもいい。というか、絵本も、おもしろいものが多いからね。そして、読みやすい文ばかり読んでると、そのうち飽きてくるから——

読解力を鍛えるには、まずは読みやすい文から始めよう。

🐱 それはそうと、わたしのおやつは？

😊 ああ、そうだったな。いつもの『ちゅるとろ』の他に、新製品の『もぎゅにゃん』もあるぞ。どちらにする？

🐱 ……

😊 お〜い、ダナイ！　迷ってるのか？　動きが止まってるぞ

🐱 ……

😊 明日のおやつの時間までには、決めてくれよ

文をパーツでわけると、どんなに難しい文章でもすらすら読める

難しい文章が読めるようになるコツ。

「いつ、どこで、誰が（何が）、何を、どのように、どうした」の6つのパーツに注目しよう

> × ぼくの部屋でちゅるとろ
> 『ちゅるとろ』をどうしたのかがわからない

> × ちゅるとろを食べた
> 誰が食べたのかがわからない

健が食べたの？

これだと、文章を書いた健が『ちゅるとろ』を食べたように読める

○ ダナイがちゅるとろを食べた

○ ぼくの部屋でダナイがちゅるとろを食べた

○ 夕食のあとにぼくの部屋でダナイが
　ちゅるとろを食べた

長くてわかりにくい文章に出あったら、自分で短くしよう

6つのパーツに注目して、わかりやすく書き替える。

仏教は東南アジア、東アジアに、キリスト教
はヨーロッパ、南北アメリカ、オセアニアに、
イスラム教は北アフリカ、西アジア、中央ア
ジア、東南アジアにおもに<u>広がっている</u>。

この文章には、「何が」が複数あって、「どうした」が1つしかないね。

意味がわかりにくい文章に
出あったときは、
自分で短くしよう

用意するもの

| はさみ |

| のり |

| ・ |

• 仏教は東南アジア、東アジアに、広がっている。

• キリスト教はヨーロッパ、南北アメリカ、
オセアニアに、広がっている。

• イスラム教は北アフリカ、西アジア、中央アジア、
東南アジアに、広がっている。

「表現力がある人」が
こっそりやっていること **8**

テキトーに
打っちゃダメ!
読点「、」1つで
文章は別モノになる

「今日、学校で、妙なことがあったんだ。

　放課後、翔に自転車を貸してもらうよう約束してたんだけど、なかなかあいつが待ちあわせ場所に来ないんだ。それで、あいつの机のところに行ったらメモが置いてあったんだ。

健、悪い！
おれは自転車に乗って本屋に行った花奈ちゃんを
追いかける。

　ぼくは、翔が乗っていったのなら仕方ないと思い、自転車を借りるのを諦めた。なのに、自転車置き場に行ったら、あいつの自転車が置いてあったんだ。

　ダナイに、この謎が解けるかい？」
「簡単な推理だね」
　そう言うと、どこから手に入れてきたのか、シャーロック・ホームズみたいな服を着て、ダナイが謎解きを始めた。
「さて──」

🐱　自転車に乗った翔君が、本屋に行った花奈ちゃんを追いかけた。なのに、自転車置き場には、翔君の自転車が残っていた。健は、この謎を解けというのだね

😊　そうだけど……。解けるのか？

🐱　あまりに簡単すぎて、あくびが出る。まず、次の文を読み比べてくれ

Ⓐ **おれは、自転車に乗って本屋に行った花奈ちゃんを、追いかける。**
Ⓑ **おれは自転車に乗って、本屋に行った花奈ちゃんを、追いかける。**

　Ⓐの文では、自転車に乗ったのは花奈。Ⓑの文では、翔。

🐱　メモを読んだ健は、Ⓑの意味だと読み取った。しかし、翔君は、Ⓐの意味でメモを書いた。これ以上の謎解きは、必要ないんじゃないか？

😊　了解した。つまり、悪いのは「、」を打たなかった翔ということだな

　読点「、」の位置は、とても重要である。
　どこに読点を打つかで、文の意味が変わってくる。

😊　でもさ、自転車に乗って本屋に行った花奈ちゃんを追いかけ

るのに、どうして翔は自転車を使わなかったのだ？

🐱　……その謎は、深い

😊　そういえば、翔が花奈ちゃんに「今度、映画に行くんだけど、一緒に行かない？」って誘ったんだ。花奈ちゃんは「いいよ」って言ったそうで、翔は舞い上がってるんだけど……。ぼくは、なんかイヤな予感がするんだ

🐱　どうして？

😊　客観的に見て、翔に誘われて、花奈ちゃんが OK するとは思えないんだ

🐱　たしかに、花奈ちゃんはOKしてないのかもしれないね

😊　どういうことだ？　花奈ちゃんは「いいよ」って言ってるんだぜ

🐱　じゃあ、訊くけど──。健、肩こりしてないか？　マッサージしてやろうか？

😊　いいよ。ぼくは、若いんだぜ。肩なんか、こってないよ

🐱　今、健は「いいよ」って言ったよ

😊　それは、「必要ない」って意味だ

🐱　花奈ちゃんの「いいよ」も、そっちの意味だったんじゃないのかな？

😊　……

🐱　「いいよ」の語尾を上げるか下げるかで、意味は伝わる。でも、

翔君は、花奈ちゃんと話すのに緊張して、語尾が上がってるか下がってるか気づかなかったようだね

会話だとわかることも、文字で読んだだけではわからない場合がある。

😺　文を書くというのは、難しいね。読み手が、意味をどう取るかまで考えて書かないといけないんだ

😺　最近、翔が元気ないんだ
🐱　花奈ちゃんと映画に行けなかったからかい？
😺　そうなんだ。直接、「映画はいけません」って言われたんだって
🐱　ふーん
😺　友達として、なんとか元気づけてやりたいんだけどさ……
🐱　だったら、こう言ってやったらいいよ。「映画と違うものに誘ったら、OKしてもらえるかもしれない。頑張れ！」って——
😺　どうして？
🐱　花奈ちゃんは、「映画はいけません」と言った。これは「映画は禁止されていてダメ」という意味の「いけません」かもしれない。だから、映画以外のものに誘ったらと思ったんだ
😺　わかった。翔に、そう言ってみるよ！

文の意味が相手に伝わるか、書き手は、いつも意識していないといけない。

「文は、わかりやすいといいね」

これは、「わかりやすいから、いい」という意味にも、「わかりやすかったら、いいのに」という意味にも、どちらにも取れる。

😺 ダナイ、お腹出てるよ

🐱 失礼だな。「親しき仲にも礼儀あり」という言葉を知らないのか？

😺 いや、ホームズの衣装の裾から、お腹が見えてるっていう意味で言ったんだ

🐱 そうだったのか。これは、わたしが悪かった

😺 メタボで、お腹が出てるのも事実だけどね

🐱 …………

意味が変わってしまう 1文字を見逃さない

ちょっとしたことでも、意味が変わってしまうのが文章。

読点の位置でも言葉の印象が変わる

Aの文では、自転車に乗ったのは花奈。Bの文では、翔。

A

おれは、自転車に乗って本屋に行った花奈ちゃんを、追いかける

B

おれは自転車に乗って、本屋に行った花奈ちゃんを、追いかける

文章の塊を意識すると、読点を打つ場所がわかりやすい。ちょっとしたことで、伝わり方も変わるから、こだわろう!

どちらにしても
大変だ

1文字でも言葉の印象が変わる

この2つの文章の違いはなんだろう。

リビングにダナイがいた

リビングにダナイもいた

この文章の違いって
わかる？

上の文章はダナイがリビングにいた。
でも、下の文章だとリビングには
ダナイと誰か他の人もいたんだなって思ったよ

ぼくはコーラが好きです

ぼくはコーラは好きです

「コーラは好きです」と書くと、
好きな飲み物が
たくさんある中の1つとして、
コーラが好きだという印象になる。
「コーラが好き」と書いた方が、
より強く「好き」という気持ちが伝わる。

「表現力がある人」が
こっそりやっていること **9**

「文章の個性」は、
「基本を守る」とにじみ出る

「あ〜！　まだ麺を入れたらダメだ！　鍋の水、沸騰してない
じゃないか！」

　キッチンでインスタントラーメンを作っていたら、ダナイが飛
んできて叫ぶ。

「別にいいじゃん」

「ダメだって！　ちゃんと、『お湯500㎖を沸騰させ、麺を入れて
ほぐしながら3分間ゆでてください』って書いてあるだろ」

　ダナイが、ラーメンの袋に書いてある『作り方』を爪でトント
ンと叩く。

　ぼくは、ダナイを無視して、沸騰してない鍋の中に麺を放り込
む。

　次に、粉末スープを入れようとしたら、

「健、ちゃんと作り方を読めよ！　『火を止めてスープを加えて混
ぜあわせる』って書いてあるだろ。どうして、まだ麺がゆだって
ないのに、スープを入れるんだ！」

　ぼくの腕を、ダナイが爪で引っかく。

「痛いな！　ラーメンなんか、好きなように作ればいいんだから」

　この反論に、ダナイが背中の毛を逆立て、牙を剥いた。

「ダメだよ！　ちゃんと書いてあるとおりに作らなきゃ！」

「いいんだって！　これが、ぼくのやり方なんだから」

ラーメンを作っていたら、ダナイに引っ掻かれた。ぼく
が、袋に書いてある作り方を無視したからだ。どんな作り
方をしても最後にはでき上がるんだし、途中で粉末スープ
を入れるのは、ぼくのやり方だ。つまり、この作り方は、ぼ
くの個性！　もっと、個性を認めて欲しい。そういえば、ダ
ナイから教えてもらってる文の書き方は、基本的なことばか
りで、ぼくの個性が出てないような気がする。もっと個
性が出る文の書き方を教えて欲しいものだ。

🐱　というわけで、今日からのトレーニングは、個性的な文の書
き方をやろうと思う

😀　やった！

🐱　大事なことを表にまとめたから、声に出して読んでみよう！

・文は短く（原稿用紙３行以内）

・読点（「、」）は、意味が伝わるように、打つ位置を考える

・美しい原稿を書く

・原稿用紙の使い方を知る

・敬体（です、ます）と常体（だ、である）の統一

・改行は、段落を考えて

・ひらがな、カタカナ、漢字を使いわける

・書いた文は、読み直す

😺 読み上げたけど……これ、個性的というより、文の書き方の基本じゃないのか？

🐱 そのとおりだよ

個性的な文を書くためには、まず、基本的な文の書き方を身につけなくてはいけない。

基本ができてないところに、個性は生まれない。

😺 個性的な文の書き方を教えてくれるんじゃなかったの？

🐱 健は、"個性的"の意味を勘違いしている

😺 どういうこと？

🐱 個性っていうのは、基本を身につけた者がいうこと。基本どおりにやろうとしても、どうしても出てしまうのが個性なんだ。基本を知らない人間がやっているのは、"個性"ではなく"無茶苦茶"というんだ

😺 …………

🐱 もし、基本的な文を書けない人間が、自己流に考えて「これが自分の個性が表れた文章だ！」というのを書いたとする。でも、その文は、わたしにとって"読みにくい独りよがりの下手くそな文章"でしかない

😺 でも、基本を知らなくても、すごい文を書く人はいるじゃないか

🐱　たしかにいる。でも、その人は天才であって、わたしや健のような普通の人ではない

😊　…………

🐱　昔読んだ本に書いてあった言葉を、教えてあげよう

天才は、自然が作る。
秀才は、人が作る。

🐱　あと、『作り方』を無視しても、最後にラーメンはでき上がるって日記に書いただろ。たしかに、ラーメンはできる。でも、味は全然違うんだ

😊　嘘だ

🐱　沸騰していないお湯で麺をゆでると、麺がふやけてしまい、味が落ちる。また、火を止めてから粉末スープを入れるのは、スープの風味を飛ばさないためなんだよ。信じられないのなら、一度『作り方』のとおりに、作ってごらん

基本には、ちゃんと意味がある。
無視できない意味を持っているから、基本なのだ。

😊　たしかに、ダナイの言ったとおりだ。『作り方』のとおりに作った方が、おいしい

🐱 そこからアレンジできたら、それが健の個性だよ

😊 なるほど

🐱 というわけで、わたしにもラーメンをわけてくれないか

😊 猫がラーメン食べてもいいのか？

🐱 基本的には、ダメだ。しかし、健が基本に忠実に作ったラーメン、食べてみたいじゃないか

😊 少しだけだぞ

🐱 あっと、餌皿に入れる前に、湯どおしして塩分を抜いてくれないかな。猫に、塩分はよくないんだ。それから、じゅうぶんに冷まして欲しい。わたしは、猫舌だからね

😊 ……そこまでするのなら、別に『作り方』どおりに作らなくてもいいんじゃないか？

いろいろな表現は「読書」で仕入れしよう

同じことを伝えるのでも、いくつもの表現がある。

「I LOVE YOU」の訳し方で個性を見つける

健はどんな
日本語にする？

「わたしはあなたを
愛してます」かな

これは有名な「I LOVE YOU」だね

夏目漱石「月がきれいですね」

ちょっと背伸びをして、『文体練習』を読んでみる

この本では、ひとつの出来事を、99と
おりの文体で書きわけている。
20世紀フランスの作家が書いた本。

『文体練習』（朝日出版社）
レーモン・クノー、朝比奈弘治（訳）

「カップ焼きそばの作り方」を文豪が書いたら？

もし文豪たちが
カップ焼きそばの作り方
を書いたら

神田桂一　菊池良

宝島社

この本は、カップ焼きそばの作り方
を太宰治、三島由紀夫、夏目漱石と
いった文豪たちの文体を真似して書
き、100パターンもの文体を紹介して
いる。

『もし文豪たちが
カップ焼きそばの作り方
を書いたら』（宝島社）
神田桂一、菊池良

カップ焼きそばの作り方を、
個性的な文体で
たくさん読める

「表現力がある人」が
こっそりやっていること ❿

「ヤバイだけじゃヤバイ」から
語彙を増やそう

　美術の宿題をしていると、筆を持ってる腕がズッシリと重くなった。

　見ると、ダナイが、ぼくの腕にしがみついている。

「邪魔するなよ、ダナイ」

「健こそ、わたしに食事を与えるのも忘れて、何をしてるんだ？」

「窓から見える風景を描けっていう、美術の宿題だ。もうすぐ完成するから、それまで餌は待ってろ」

「なんなら、手伝ってやろうか？　ほら、『猫の手も借りたい』というじゃないか」

　ダナイが、パレットに前足をつける。肉球に絵の具をつけて、いったい何をする気だ？

「わたしが、色を塗ってやろう」

「ちょっと待て。猫に色塗りは無理だろ！」

　絵に肉球を押しつけようとするダナイを、羽交い締めにする。ミャオギャオ暴れるダナイ。飛び散る絵の具や筆。

　なんとか絵を守ることはできたが、部屋中に絵の具が飛び散り、とてもカラフルな部屋になった。

「どうすんだよ、絵の具がなくなっちゃったじゃないか！　白と黒しか残ってない！　これじゃあ、色塗りは無理だよ」

「……なるほど。健の文章の弱点がわかったよ」

😺 今は、絵を描いてるんだぞ。なんで、ぼくの文章の話になるんだ？

🐱 絵を描いてる場合じゃない。健は、わたしのトレーニングのおかげで、文の書き方が身についてきた。しかし、何かが弱いと思っていた。今、その原因がわかったんだ

😺 いや……絵を描かないと怒られるんだけど……

🐱 健の弱点は、ボキャブラリーの不足だ！

😺 ボキャブラリーって、何？

　ボキャブラリー（語彙）とは、その人が使っている単語のことである。

　伝えたいことがあっても、ボキャブラリーが少ないと、表現できないときがある。

🐱 健に、行列のできるタイ焼き屋さんで買ってきた白タイ焼きをあげよう。味は、どうだい？

😺 うん、ヤバイね

🐱 そういや、昨日テレビで、『サンバイズ』のライブやってただろ

😺 ああ、ヤバかった

🐱 あれ？　絵の宿題はやらなくていいの？

😺 あっ、ヤバイ！

🐱　今、健の使った「ヤバイ」は、みんな同じ意味なのかい？

「ヤバイ」に、たくさんの意味を乗せて、若者は使っている。本当なら「おいしい」とか「格好いい」とか「具合が悪い」という意味も「ヤバイ」の一言ですませている。「かわいい」も「かわいくない」も、すべて「ヤバイ」の一言ですませるのは、本当に「ヤバイ」。

😊　でも、「ヤバイ」だけで会話が成立するのって、すごいと思わないか？

🐱　それは、相手を見て会話してるから、どういう意味で「ヤバイ」と言ってるかわかるからだよ。SNSやメールでは、相手の様子がわからない。そんなときに「ヤバイ」としか表現できないのは「ヤバイ」んじゃないのかな？

😊　どうやったら、ボキャブラリーは増やせるんだ？

ボキャブラリーを増やすには、本や新聞などを読んだり、テレビやラジオなどのメディアに触れるといい。また、知らない言葉に出あったら、調べる癖をつけておく。そして、「ヤバイ」のように便利すぎる言葉は使わないようにする。

🐱　文を書くときは、手近に『類語辞典』を置いておくといいね

🐱 それで、美術の宿題は、どうなったんだい？

😊 褒めてもらえたよ

🐱 すごいね！　でも、黒と白の絵の具しか残ってなかったんだろ？　よく完成させられたね

😊 そこは、頭を使ったよ。白と黒を、いろんな割合で混ぜて、水墨画(すいぼくが)のような感じの絵にしたんだ

🐱 なかなか考えたね

😊 こんな風に、少ないボキャブラリーでも、組みあわせたりしてなんとかならないかな

🐱 ……無理だと思うよ

語彙を増やすには意外とテレビが役に立つ

今のうちから、言葉の引き出しをたくさん作っておこう。

自分自身が持っているボキャブラリーを増やす

- 本や新聞などを読む
- テレビやラジオなどのメディアに触れる
- 知らない言葉に出あったら、調べる癖をつけておく
- 「ヤバイ」のように便利すぎる言葉は使わないようにする

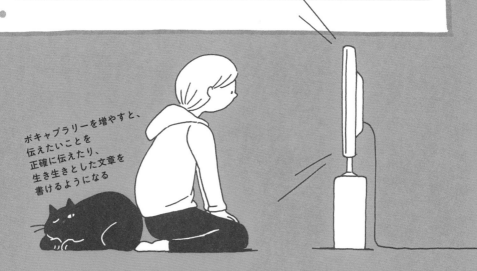

ボキャブラリーを増やすと、
伝えたいことを
正確に伝えたり、
生き生きとした文章を
書けるようになる

伝えたいことが的確に伝わる言葉を探そう

うれしい にもいろいろある。

- 大喜びで
- 喜ばしい
- 楽しい
- 楽しげ
- ご機嫌
- ハッピー
- 幸福
- 幸せ
- 嬉々（きき）たる

かなしい にもいろいろある。

- 切ない
- 辛い
- 心痛い
- 物悲しい
- 悲壮
- 心苦しい
- やるせない
- やりきれない
- 胸が締めつけられる

『類語辞典』では、似た意味の言葉を見つけることができる。

類語辞典

作家になるトレーニングを
受ける前に……

　ぼくは、今までのトレーニングを振り返る。

「ダナイには、いっぱい教えてもらったね」

「そんな感謝の言葉より、『ちゅるとろ』のつめあわせバラエティ
セットが欲しいな」

　ダナイの言葉を無視して、ぼくは思いっ切り伸びをする。

「これだけ鍛えたんだから、もう一人前だよね」

　すると、ダナイの髭がダラリと下がった。

「あのね、一度教えてもらっただけで、そこまで自惚れられるの
はすごいと思うよ。でも、文章を書くのは、そんなに簡単なこと
じゃない。今までのトレーニングを、これからも続けて、ようや
く一人前になれるんだ。地味で退屈なトレーニングかもしれない
けど、それを毎日毎日飽きずに──」

　ダナイの言葉を無視して、ぼくは夢を語る。

「この調子で頑張ったら、小説家になれるかな」

「なれるよ」

　あっさり、ダナイが言う。

「小説家なんて、誰でもなれる」

「だったら、ぼくも作家になるよ！」

「話は最後まで聞きなさい。小説家には、誰でもなれる。でも、

小説の仕事だけで食べていくのは、とても難しいことなんだ」
「そのレベルになるのは、ぼくには無理かな？」
　すると、ダナイは溜め息をついた。
「わたしが教えたら、なれるかもしれない。でもね……1つだけ先
に言っておくよ」
　ダナイの目が鋭くなる。
「ここから先は、普通の文章トレーニングじゃない。プロの作家
になるための修行だからね」

「わたしの前の飼い主だった児童文学作家は、小学4年生のときに、
わたしに出会った。小さいときから本だけは読んでる子だったが、
それだけだった。しかし、わたしのトレーニングを受けるうちに
少し文章が書けるようになり、不思議なことに、今は作家の仕事
だけで生活している」
「……」
「それもこれも、すべてわたしのおかげだ」
「じゃあ、ぼくもトレーニングを受けたら作家になれるんだな？」
　この質問に、ダナイが片目を閉じる。どうやらウィンクした
かったようだが、ぼくには、泣いてるのか笑ってるのかわからな
い不思議な表情に見えた。
「約束しよう」

3

誰でも
必ず小説が
1冊書ける方法

小説を書くのに必要な
「たった1つのこと」って？

「最初に言っておくけど、小説は、誰にでも書けるからね」
　ダナイの言葉に、ぼくは瞬間的に答えていた。
「嘘だ！」
「本当だよ。やってみようか？」
　そう言って、ぼくが書いたバスケをしたときの日記を取り出す。
「主人公を健から秀人、場面を体育から地区大会に変えてみるよ」
「それだけで、日記が小説みたいになるだろ？」

> 　バスケットボールの地区大会予選リーグ。現在、秀人が所属しているバスケチームは、1勝1敗1分け。この試合で勝てば、決勝リーグに行けるかもしれない。そして、試合を決めたのは、秀人のスリーポイントシュート。チームメイトは、まぐれと言う。でも、彼らは知らない。秀人が、みんなに隠れて、ひとりでスリーポイントシュートの練習をしていたことを──。

　おお、たしかに、ダナイの言うとおりだ。でも──。
「この小説、おもしろくもないし、ワクワクもしないよ」
　すると、ダナイが片目を閉じる。どうやらウィンクしたかったようだ。
「それは、これから教えてあげるよ」

🐱　小説を書くのに、一番大切なものは、なんだと思う？

😊　そりゃ、文章力だろ

🐱　違う

😊　じゃあ、ものを視る目や、聴く耳かな？

🐱　それも違う

😊　わかった！　ボキャブラリーだ！

🐱　残念

😊　今言ったのは、みんな、ダナイに教えてもらったことだぞ。全部、間違いなのか？

🐱　これまで教えてきたのは、文を書く基本的なトレーニング。ここからは、小説を書くためのトレーニング。当然、同じはずがない

😊　作文と小説は、違うの？

🐱　似てるようで、違う。健は、自分から作文を書こうと思ったことがあるかい？

😊　ないよ、そんなの

🐱　でも、小説は書いてみようと思う？

😊　うん

🐱　そこだよ。作文は書かないと先生に怒られたりするときがある。でも、小説は、書かなくても誰にも怒られない。なのに、どうして小説を書きたいと思うのか？　つまり、小説には自分から書きたいという気持ちがあるんだ

　小説を書くのに、一番大切なのは、何がなんでも書きたいという熱い気持ちである。これがないと、何百枚もの原稿用紙を文字で埋めるという作業に耐えることができない。

🐱　それで、健は、どんな物語を書きたいんだい？

😊　それなんだよな……。小説を書きたいという気持ちはあるんだけど、何を書けばいいのかな？

🐱　まるで、初めて会った頃の健だね。あのときは、『中学2年生になっての抱負』を書かなきゃいけないのに、何を書いていいのかわからなかった

😊　そうか！　あのときみたいに、アンテナを高くしたりすればいいんだ

　本当に、書きたいものが思いつかないのか？
　そのときは、アンテナの方向を変えてみよう。
　どうして、自分は小説を書きたいと思ったのか？
　そこを考えてみよう。

🐱　あと、作文のときとは違うことを言わなくてはいけない

😊　え？

🐱　作文と違って、小説は、書きたいものが見つからなかったら書かなくていい

😊 『書かなくてもいいとは言っていられない』。そうじゃ、なかったのか？

🐱 小説は、作文と違う。さっきも言ったけど、小説には、「何がなんでも書きたい」という気持ちがいるんだ。締めきりが迫っていたら、そんなことは言ってられないけど、書きたいものがないのなら、書かない方がいい。無理に書いても、おもしろい小説は書けない

😊 熱い気持ちが必要だってのは、わかった。でも、もっと具体的に、書きたいものを見つけるコツを教えてよ

🐱 心が震えたとき――。そこに、健が書きたいものがある

😊 ちょっと待った！　なに、"心が震える"って？　ちゃんと、日本語で説明してくれよ

　心が震える――それは、感動を超える感動。
　そして、心が震えたとき、「この気持ちを、他の人にもわかってもらいたい。誰かに伝えたい！」という熱い気持ちが生まれる。

😊 どうやったら、心が震えるんだ？

🐱 たくさん本を読む。素晴らしい芸術作品を見る。周りの人や自然を観察し、新しい発見をする。すぐには無理でも、続けているうちに感覚が研ぎ澄まされ、心が震えるようになるよ

😊 そうかなぁ

🐱 たとえば、道に落ちている石ころ

😊 石ころ？

🐱 何気なく見ている石ころ。でも、その地面の下には、無数の石ころが埋まっている。それらが、太陽の光を浴びることはない。こんな風に考えると、地面に転がり、わたしたちの目に触れる石ころは、石ころのエリートと言えるんじゃないかな

😊 今の話に、心は震えないけど……

たくさんの人と出会い、話を聞く。

自分と違う考えに触れ、考える。

感動する体験を増やせば、その中から、このことを書きたいというものが見つかる。

171

感動する
体験をするための
種をまこう

書きたいものを見つけるコツ。

人を好きになってみる

友達や家族、尊敬できる先生、恋人……、誰かのことを
好きになるということは、心が震えるきっかけになる。

人を好きになるコツは、相手とたくさん話をすること。

小説やマンガ、映画やドラマに触れる

小説やマンガ、映画やドラマをたくさん観ていくと、なかには
心が震えるような感動を味わえる作品が見つかる。
そういった作品が、小説を書くヒントになる。

何かに熱中すること

部活でも、趣味でも、なんでもいいから、
熱中できる何かを見つけよう。
何時間でもできるくらい、好きだと思っ
ている趣味の中に、心が震えるきっか
けが隠れていることがある。

好きな映画やドラマの「感動ポイント」を探そう

WARNING

＊この先、映画『ローマの休日』のネタバレあり。
まだ観てない方は、この項を飛ばしてください……
というか、人生の半分を損してるので、ぜひ観てください。
心が震えることを保証します。

　どうして、こんな名作を観てなかったんだろう……。

　ぼくとダナイは、ソファーに座り、レンタルしてきた『ローマの休日』を観ている。どうして、こんな古い白黒映画を観てるかというと、ダナイに、こう言われたからだ。

「『ローマの休日』を観てない！　信じられないね。健は、人生の半分を損してるよ」

　ダナイの言ったことは、本当だった。

　ぼくはポップコーン、ダナイは『ちゅるとろ』をなめながら、映画を楽しむ。画面が白黒とか、DVDの音が悪いというようなことは、すぐに気にならなくなった。

　おもしろい！　そして、ワクワクする。派手なアクションシーンや最新技術の映像もない。なのに、一瞬も目が離せない。そして、ラストシーン。さっきから涙が止まらない。

「ほら、健——」

　ダナイが、ティッシュを渡してくれる。そのダナイも、潤んだ目をしている。

「ダナイは、今まで何度も見てるんだろ？　なのに、泣けるのか？」

「何回見ても、感動するよ」

　ダナイも、ティッシュで鼻をかむ。映画が終わったとき、ぼくは決めていた。「ぼくも、『ローマの休日』みたいな小説を書くよ」

　この言葉に、ダナイが丸めたティッシュを投げつけてきた。

😊 　何すんだよ！　心が震えたことで小説を書けと言ったのは、ダナイじゃないか

🐱 　たしかに言った。感動した健が、『ローマの休日』みたいな小説を書きたいという気持ちも、よくわかる

😊 　だったら、どうしてティッシュを投げたんだ？

🐱 　感動の本質がわかってないからだよ

感動で、心が震えた。

そうしたら、一度立ち止まって考えよう。

自分は、どうして感動したのか？　——この答えを見つけよう。

『ローマの休日』あらすじ

　　ローマを訪れたアン王女。あまりの忙し
い日程に、宮殿を抜け出したが、鎮静剤の効
果で眠ってしまう。
　　彼女を助けたのは、新聞記者のジョー。最初は家出娘だと思って
いたアンが、実は王女だと気づき、特ダネを手に入れようと
思ったジョーは、ローマの街を案内する。
　　正体を知られていないと思っているアンは、髪を切った
りジェラートを食べたりベスパにふたり乗りしたり――。
ローマの街を楽しむ。
　　一方、アン王女がいなくなり、宮殿は大騒ぎ。探偵を
雇い、王女を探す。
　　夜、アン王女とジョーがダンスをしていると、探
偵が現れてアンを連れ帰ろうとする。なんとか逃げた
　　ふたりは、お互いに惹かれあっていることに気づく。
　　　しかし、王女と新聞記者では、身分が違う。
　　ジョーは、アン王女を宮殿まで送り、特ダネを
　　捨てる。
　　　記者会見の場。アン王女は、集まった新聞記
　者の中に、ジョーを見つける。そして、印象に
　残った都市を聞かれた王女は、「どの都
　市も素晴らしく――」と、教えられたように
　答え始めたが、途中で「ローマです」と、自
　分の言葉で答える。

😺 それで、健は、どんな小説にしようと考えてるんだ？

😊 やっぱり、身分が違うふたりの恋愛小説かな。王女と新聞記者だと、『ローマの休日』と同じだから、職業は変えるとして……

😺 そのレベルだったら、書かない方がいい。でき上がるのは、駄作だ。書く時間がもったいないよ

😊 どうしてわかるんだよ？

😺 自分が感動した部分がなんなのか、健がわかってないからだよ。本当に、恋愛部分に感動したのかい？

😊 そうだよ。というか、そうだと思うけど……

😺 身分が違うふたりの恋愛ものなんて、今まで何度も目にしているはずだ。なのに、そのときは心が震えなかったのが、どうして『ローマの休日』では感動したのか？　もう一度、考えた方がいいと思うよ

感動した作品の、本質的な部分を見よう。

😺 宮殿を抜け出した王女に、周りの人たちが振り回される。そんなコメディ要素を楽しいと感じる人も多い。また、自由が制限されていた王女が、ローマの街を楽しむ様子を見て、爽やかな気分になるという感想もある。健は、どういうところがよかったのかな？

178

😊　髪を切るところだ！

🐱　床屋のシーンだね

😊　うん。今まで息苦しい生活をしていた王女が、髪を切って、とても自由になったように見えた。それを見て、いいなぁって思ったんだ

🐱　見つけられたね

😊　今まで不自由で苦しんでいた人が、自由になる。その喜びや、開放感。——ぼくが書きたかったのは、これなんだ！

🐱　健が、ちゃんと書きたかったことをつかんでいて、安心したよ。よくわからずに、身分違いの恋愛小説を書くんだと言い張ったら、どうやって止めようか考えてたんだ

😊　ぼくには無理かな？

🐱　片思いしかしたことない今の健に、恋愛小説は無理だと思うよ

好きな作品の 書きたいこと

好きな作品のどんなところが

好きな作品を
思い浮かべながら、
質問に答えていこう!

探偵が
大活躍する
ミステリー…

好きな作品に
ついて
どんなことを
知ってる?

主人公はどんな人?

3姉妹と風変わりな探偵…?

ことを説明すると、
がみつかる

好きか、考えてみよう。

それはいつ、
どこで起こった？
つまり舞台はどこ？

現代の日本かな

子供が
神隠しにあう…

人に「この作品の
どこがいいの？」って
聞かれたら、
どう答える？

謎が解き明かされて
いくところ！

探偵が
格好いい！

初めて小説を書くなら、
主人公は自分にする

「それでは、書きたいものが見つかった健を祝って、乾杯〜！」

　ダナイが、『ちゅるとろ』の小袋を高く掲げる。

「ありがとう、ありがとう！」

　ぼくは、コーラの缶を『ちゅるとろ』の小袋にペトンと当てる。一気に半分ほど飲んでから、ダナイに訊く。

「書きたいものは見つかった。次は、何をすればいい？」

「構成を考えたり登場人物を作ったりするんだけど……。健の場合は、先に主人公を作った方がよさそうだね」

「どうして？」

「物語の作り方には、大きくわけて2つある」

　ダナイが、爪を2本伸ばす。

「1つは、物語の構成から考える方法。しかし、今の健は、書きたいものが見つかったとはいうものの、それをどのように書いていくか決まっていない」

「…………」

「もう1つの方法は、登場人物を考えて、その登場人物の行動から物語を作っていくやり方。こちらの方が、今の健にはあってると思うんだ」

　伸ばしていた爪を、ぼくに向ける。

「さて、どんな登場人物を作る？」

😊　ここは、アン王女みたいに、王女様を主人公にするのはどうだろう？

🐱　はぁ？

😊　いや、それだと『ローマの休日』と同じになってしまうな。よし、王女様は止めて王子様にしよう！

🐱　ちょっと待った！　健は、王女様や王子様が、どんな人間なのか知ってるのか？

😊　知るわけないだろ

🐱　知りあいに、王族は？

😊　ぼくは、一般庶民の見本のような人間だぞ

🐱　だったら、王女様や王子様を主人公にするのは、現時点では止めた方がいい

😊　どうして？

🐱　よくわからない人間を主人公にしても、リアリティが生まれないからだよ

😊　それは、おかしい。だったら、殺し屋や殺人鬼、テロリストを主人公にして書いてる作家は、そんな連中とつきあいがあるってことか？

🐱　プロの作家と、自分を一緒にしたらダメだ。プロは、徹底的に資料を集めたり取材したりして、リアリティを生み出す。中学生の今の健に、そんな技術はない

😊　だったら、どうしたらいい？

🐱 自分の周りにいる人間を見て、登場人物を作る。これが基本

自分の周りを見てみよう。そこには、生きた人間がいる。

🐱 主人公は、中学生がいいと思う

😊 どうして？

🐱 健が中学生だからだよ。たとえば、38歳で仕事一筋の独身OLを主人公にして、健には、彼女の気持ちや行動が書けるかい？

😊 断言できる、無理だ

🐱 小説を書き慣れないうちは、自分に近い人間を主人公にするといいよ。もしくは、真逆の人間にするとかね

最初のうちは、自分を主人公にしよう。
「自分が主人公なら、どうするか？」
──そう考えると、物語が動き出す。
現実世界ではやりたくてもできないことも、物語の中なら実行することができる。

😊 これでどうかな？

185

```
竜光刀宮天
```

🐱 ……なんだい、これ？

😊 主人公の名前だよ。ちなみに、「りゅうこうとうぐてん」と読む

🐱 ボツ！

😊 なんでだよ？　格好いいじゃないか！

🐱 健が書くのは、ファンタジーなのか？　そうじゃなくて、普通の中学生を主人公にするのなら、それなりの名前がいい

名は体を表す。

その物語にふさわしい名前をつけなくてはいけない。

🐱 主人公の名前は『文岡功(ふみおかいさお)』。これでいく。異論は認めない

😊 わかったよ。我慢する

🐱 それで、この主人公は、どんな不自由な思いをしてるんだい？

😊 え？

🐱 もう忘れたのかい？　健は、不自由だった主人公が自由を得る。——そんな話を書きたかったんだろ

😊 そうだった

🐱 中学生が不自由と感じることって、何がある？

😊 やっぱり校則かな

🐱 わたしは、人間の決まりに詳しくないから訊くけど、学校の決まりって、そんなに不自由なのかい？

😊 靴下の色は、白。ここまでは、まだ我慢してもいい。本当はしたくないけどね。でも、ワンポイントが入っていたらダメってのが、わけわかんない。ワンポイントが入ってない靴下、売ってるところを探すのは大変なんだ。それに、ワンポイントが入ってるからって、ぼくの学校生活に何の影響（えいきょう）があるんだ？

🐱 わかった、落ち着け！　でも、主人公を中学生にしたのは正解だろ？　健の思いを、そのまま反映させられる

😊 主人公は、今まで校則になんの疑問も持っていなかった。だから、人一倍、真面目に決まりを守っていた。それが、あることをきっかけに、疑問を持ち始める。そして、仲間を集め、校則を変えていこうとする。——こんな感じかな？

🐱 まずは、その線で書いてみようか

主人公が動き出すと、物語も動き出す。

主人公の
プロフィールを
考えよう

どんな小説を書きたいか、
考えていこう。

物語のジャンルと舞台を決めよう

書こうとしている物語のジャンル。

□アクション　☑SF　□オカルト・ホラー　□恋愛
□コメディ　□学園　□スポーツ　□ファンタジー

書こうとしている物語の舞台。

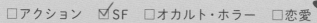

☑日本　（☑学校や家　□会社　□遊園地など　□自然
□その他「　　　　　　」）

主人公の設定を考えよう

小説の舞台によって、主人公の名前も変わってくる。
主人公にあった名前をつけてあげよう。

名前 **文岡 功**　　　　性別 **男子**　年齢 **14歳（中2）**

身長 **164センチ**　　髪の長さ **短い**　　家族構成
体重 **53キロ**　　体型 **やせ形**　　　　**父、母、猫**

好きな食べ物 **カレー**　　嫌いな食べ物 **納豆**

苦手なこと **宿題**　　好きな色 **赤**　　趣味 **猫と遊ぶ**

頭のよさ **普通**　　運動神経 **よい**　習慣 **朝のランニング**
特技 **リフティング**

性格　**真面目で、融通が利かない**

その他　**どんな校則でもきちんと守る。**
　　　　野球部所属。男の友達は多いが、モテない。
　　　　一番の悩みは、ニキビが多いこと。

サブキャラも同じように設定を考えよう。

小山内なじみ（おさない）　幼なじみ。小さい頃からの友達で、
　　　　　　　　　　　　　　主人公の真面目さに呆れたり、
　　　　　　　　　　　　　　すごいと思ったりする。

井上哲也（いのうえてつや）　主人公の考えが
　　　　　　　　　　　　　　変わるきっかけになるキャラ。

189

サブキャラは
５人まで！

「この子が、翔君か。今まで、健の話では聞いてたけど、こんな顔してたんだ」

　クラスの集合写真を見て、ダナイが言った。

「健に比べて背が高く、なかなか格好いいじゃないか。それで、翔君が好きな高嶺花奈さんってのは？」

　ぼくが写真を指さすと、ダナイがヒュ〜と、口笛を吹いた。なかなか器用な猫だ。

「かわいい娘だね。翔君とお似あいだと思うけど、高嶺さんは、翔君のこと好きじゃないんだ」

「友達以上の感情はないみたいだよ」

「健は、彼女のことをどう思ってるんだ？」

「クラスメイト。あと、翔の片思いの相手。——これぐらいかな」

「ふ〜ん、そうなんだ。で、健の好きな娘は？」

　写真を指さしそうになって、ぼくは、慌てて指を引っ込める。

「なかなか、誘導尋問（ゆうどうじんもん）がうまいじゃないか」

「そういう健も、なかなかガードが堅（かた）いね」

　ぼくとダナイは、互いに不敵な笑いを浮かべる。そして、ダナイが、しみじみ言う。

「わたしは、長く生きすぎた。仲のよくなった友も、みんな死んでしまったよ」

🐱　書きたいものも見つかり、主人公の名前も決まった

主人公：文岡 功

🐱　次は、周りのキャラを考えていこう

😊　何人ぐらい考えたらいいの？

🐱　物語によるね。ただ、大切なのは、不要なキャラは作らないってことだよ

物語の登場人物には、それぞれ役割がある。

役割を持たされず、なんのために出てきたのかわからない登場人物を出してはいけない。

😊　周りのキャラって、どうやって作るんだ？

🐱　主人公と、どう関わるかで、作っていくのが普通だね。最初、主人公は、不自由な校則に疑問を持ってないんだよね？

😊　うん

🐱　そして、周りの誰よりも校則を守ってる？

😊　そうだよ

🐱　だったら、その主人公を印象づけるためのキャラがいる。小さい頃からの友達で、主人公の真面目さに呆れたり、すごいと

思ったりするキャラを作ろう

😊 じゃあ、幼なじみがいいな

🐱 主人公が男の子だから、女の子にしよう

😊 名前は……『小山内なじみ』でどうだろう？

🐱 いかにも、幼なじみってわかる名前だね

キャラの名前は、その性格や役割からつける方法がある。

🐱 次は、主人公の考えが変わるきっかけになるキャラだ

😊 名前は……どうしようかな

🐱 困ったときは、いろんな手があるよ

名前をつけるのは、簡単なことではない。
そんなときに便利なのが、電話帳や新聞である。
最近は、インターネット上に名前をつけるのを手伝ってくれる
サイトもある。

😊 インターネットで、名前を作ってみた。『井上哲也』にする
よ

🐱 うん、いいんじゃないかな

😊 登場人物って、何人ぐらい作ったらいいんだ？

🐱 物語の内容にもよるけど……最初の頃は、5人ぐらいまでに

しておいた方がいいよ

😊　どうして？

🐱　映像作品と違って、小説は、登場人物の書きわけを文でしないといけない。今の健が書きわけられるのは、5人ぐらいだと思うよ

😊　……

🐱　大丈夫。慣れたら、何十人ものキャラを書きわけられるよ。でも、あんまり多くのキャラを作ると、読者も書き手も、覚えきれなくなるからね

初めのうちは、登場人物は少なめに。少ない登場人物を、丁寧に書きわけよう。

😊　登場人物については、これぐらいでいいかな？

🐱　バカなことを……。まだまだやることは、いっぱいあるよ

😊　どんな？

🐱　たとえば、主人公の文岡功。彼の身長は、どれぐらい？

😊　身長？

🐱　体重は？　痩せてる、太ってる？　髪は長い、短い？　眼鏡をかけてる？

😊　……

🐱　そんな外見的特徴だけじゃないよ。性格も、ちゃんと考えな

いといけない。文岡功は、不自由な校則に疑問を持っていない。このことから、融通が利かないとか、真面目というような性格が考えられる

😺 なるほど。登場人物は、名前だけじゃなく、外見的特徴や性格も、しっかり決めておかないといけないんだね

🐱 特に、ちゃんと性格を設定しておかないと、登場人物が動かなくなる。たとえば、ある困難な状況になったとき、そのキャラの性格がわからないと、「立ち向かう」「逃げる」「誰かを頼る」──どんな風に動かせばいいかわからなくなるからね

登場人物の外見的特徴と性格は一覧表にしておくと便利。

🐱 あと、登場人物の生い立ちも考えておかないといけないよ

😺 そこまでするのか？

🐱 生い立ちは大事だよ。物語の中で書かなくても、その登場人物が、どうしてそんな性格になったのかがわかるからね

主人公や サブキャラクターたちに インタビューをする!?

登場人物全員のプロフィールを考えていこう。

サブキャラの設定を考えよう

書き出した出来事や理由から、1つ選んで詳しく説明しよう。

**主人公のときと同じように、
登場人物たちのプロフィールを全員ぶん、考えよう**

真面目　　　　要領がいい　　　意志が強い

文岡功　　　小山内なじみ　　井上哲也

登場人物たちに「どうして？」と聞いていこう

決めた設定を見ながら、「どうして？」と質問していこう。
そうすることで、生い立ちがわかってくる。

主人公の文岡功はどうして、校則を守るようになったんだと思う？

小さいとき、どんな小さいことでもルールは守らなきゃダメだっておじいちゃんに言われたから……とかは、どうかな？

いいじゃないか。どうして、おじいちゃんにそう言われたんだい？

えーっと、赤信号を渡ったら、車にひかれそうになったから

こんなふうに、「どうして？」と考えていくと、登場人物たちの生い立ちが見えてくる。
生い立ちが見えると、どうしてその性格になったのかがわかるようになり、キャラが生き生きと動き出す。

原稿用紙
たった10枚の
「超短編」から始めよう

　海からの風が、気持ちいい。

　家から自転車に乗って3時間。峠を2つ越えたところの海に、ぼくは来ている。

「いい気分だな」

　荷台に乗ってるダナイに言う。鼻をひくひくさせてるのは、潮の匂いを嗅いでいるのだろう。

「それにしても、よく長い峠道を走りきったね」

　ダナイが褒めてくれた。

　最初の頃は、峠のてっぺんまで走るのが精一杯だった。それが、だんだん足が慣れてきて、余裕で走れるようになった。

　すると今度は、どこまで行けるのだろうかと、自分を試したくなってきた。半年ほどかかったけど、峠を2つ越えるだけの足を手に入れることができた。

「"足を手に入れる"って表現は、おかしいかな？」

「う〜ん……。あんまり使わない方がいいかもね」

　ぼくの質問に、ダナイが答える。そして、ぼくの背中をポンと叩く。

「いい景色も見られたし、そろそろ帰って、原稿を書こうか」

　はっ！

　……帰り道があることを、忘れていた。

🐱　……大変な目にあった

😺　ダナイは、荷台に乗ってただけじゃないか。ぼくは、自転車を、ずっと押してたんだぞ

🐱　押さずに、乗ればよかったのに

😺　峠を登るだけの力が残ってなかったんだよ

🐱　でも、いい経験になったんじゃないかな。最初は、あまり遠くまで行けなくても、毎日頑張っていたら、海まで行けることができるとわかったからね

😺　帰りは悲惨だったけどな

🐱　この経験をいかして、原稿を書いていこう

😺　登場人物もできたし、今度は何をすればいいんだ?

🐱　物語の構成を考えないとね。いきなり長い話は無理だから、最初は短い話から始めよう

😺　短い話というと、ショートショート?

🐱　……今のは、神をも恐れぬ発言だからね

マンガ家を志す者は、4コママンガから始めるといいという。

しかし、小説の場合、ショートショートから始めるのには、無理がある。

最初は、ショートショートのような完成度を目指さず、ただ単に短い話を書けるようになろう。

😊 ショートショートから始めたら、ダメなのか？

🐱 ダメじゃないけど、書けたものを読んだらショックを受けるよ。せいぜい、“ショートショートもどき”ができたら、ラッキーだね

😊 構成って、どうやるの？

🐱 『起承転結』とか『序破急』というのが一般的だね

😊 なに、それ？

🐱 物語の順序だよ。たとえば、探偵がいて依頼が来る、これが『起』。探偵が捜査するのが『承』。意外な真相に気づいたり解決するのが『転』。解決してからのことが『結』。序破急だと、最初に事件の不思議さなどを書く、これが『序』。探偵の捜査で、どんどん事件を暴いていく、これが『破』。解決部分のクライマックスから結末の部分が『急』。──こんな感じかな

😊 悪いな、ダナイ。さっぱりわからない

🐱 説明したけど、あまりとらわれなくてもいいような気がする

😊 『序破急』は、字はあってるのか？　『序破Q』じゃないのか？

🐱 それはともかく──。具体的に、健の小説で考えてみよう。最初、何を書きたい？

😊 そうだな……。やっぱり、主人公の紹介かな

🐱 うん。じゃあ、それが健の小説の『起』だ

物語の最初は、物語世界の説明や、主人公の紹介がいい。

これから、どういう世界で物語が進められるのか？
活躍するのは、どんな主人公か？
それらを、書いておく。

🐱　大事なのは、この『起』の部分で、読者を引きつけないといけないということ。退屈な出だしを読んでくれるほど、今の読者は暇じゃないからね

引きつけるためには、インパクトが必要である。

😊　インパクトのある書き出しって、どんなんだ？
🐱　それは、書き始めてから教えてあげるよ。先に、人称を決めておこう
😊　ニンショー？
🐱　誰の視点で書くかってことだよ

一人称は、登場人物のひとりの視点で書く。
三人称は、登場人物以外の視点で書く。いわゆる「神の視点」の文章。

🐱　健の小説だと、幼なじみの小山内なじみの視点で書くのがいいかもね。幼なじみから見て、いかに文岡功が変わった主人公か

ということを書く方が、読者が共感しやすい

😊　二人称っていうのは？

🐱　読者の視点で書くんだ。たとえば、「あなたには、文岡功という幼なじみがいる。校則を守ることに命を賭けている、変わったやつだ」——なんて感じの書き方だ。わたしは好きなんだけど、あまり見かけないね

😊　人称を章ごとで変えてもいいのか？

🐱　かまわない。しかし、あまりおすすめしないよ。最初のうちは、人称を変えずに最後まで書く方がいい

😊　わかった。じゃあ、小山内なじみの視点にするよ

🐱　じゃあ、原稿用紙10枚前後で書いてみよう

😊　ちゃんと書き終わるかな

🐱　途中で書けなくなったら仕方ない。そうしたら、そのときは、魔法の文章を教えてあげるよ

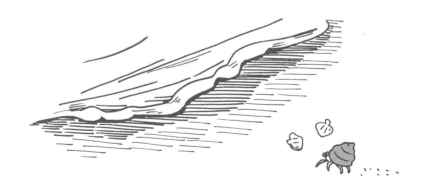

物語の枠組みもテンプレートで考えよう

小説の形を決めていこう。

人称を決めよう

一人称は、登場人物のひとりの視点で書く。

> わたしには、文岡功という幼なじみがいる。
> 校則を守ることに命を賭けている、変わったやつだ。

二人称は、読者の視点で書く。

> あなたには、文岡功という幼なじみがいる。
> 校則を守ることに命を賭けている、変わったやつだ。

三人称は、登場人物以外の視点で書く。
いわゆる「神の視点」の文章。

> 小山内なじみには、文岡功という幼なじみが
> いる。
> 彼は校則を守ることに命を賭けていて、
> なじみは「変わったやつだ」と思っている。

私には…

あなたには…

204

構成を考えていこう

①起（状況説明）

主人公が誰か、小説の世界がどんなところか、わかるように書く。

> 主人公は、今まで校則になんの疑問も持っていなかった。だから、誰よりも真面目に決まりを守っていた。

②承（主人公の思いや行動）

『起（状況説明）』で考えたことのせいで、主人公に問題が起こる。設定で決めた、性格や特技を踏まえながら、主人公を動かしてみよう。

> 地毛が茶色なのに、校則を守るために黒髪に染めていた井上哲也に出あう。夏休み明けに地毛で登校したら、停学になってしまう。それはおかしいと、主人公は考えを変える。

③転（解決に向けて）

今の状況を、なんとか解決しなければならない。一番のクライマックス。解決していくコツは、どうしてそんな状況になったかを考え、その理由に、いろんな理屈（りくつ）をつけること。

> 生徒総会で校則を変えるために、仲間を集める。先生や生徒会長を巻き込んで、地毛での登校を認める校則を作る。

④結（解決して終わり）

『結』では、状況をとおして、主人公の気持ちがどのように変わったかとか、これからのことを書いていく。

> 校則が変わり、井上哲也が地毛で登校できるようになった。主人公は規則をほどほどに守れるようになる。

書き出しは超重要！
だからこそ
「とりあえず」書き始めて
あとから直す

「…………」

　いったい、どれぐらいの時間が流れたのだろうか？

　ぼくは、シャーペンを握りしめたまま、固まっている。目の前には、まだ1文字も書かれていない新しい原稿用紙……。

「完璧にフリーズしてるね。お湯をかけて、溶かしたいほどだよ」

　足下に寝転んでいるダナイが、あくび混じりに言う。

「そんなに緊張しないで、何か書いてみたらいいじゃないか」

「簡単に言うなよ！」

　ぼくは、足でダナイをグリグリする。

「初めて小説ってものを書くんだぜ。その書き出し──緊張するなって方が無理だろ」

　書くことがないわけじゃない。何から書けばいいのか、迷ってるのだ。

「失敗してもいいじゃないか。書き損じの原稿を丸めてゴミ箱に向かって投げる──作家になった気分を味わえるよ」

「……」

　ぼくは、原稿用紙にマス目を無視して「才能が涸れ果てた！」と書き、くしゃくしゃに丸める。

　そして、足下のダナイに向かって投げつけた。

🐱 書けないからといって、わたしに八つ当たりしないで欲しいな

😺 ちょっとだけ、作家気分を味わえたよ

🐱 そんなに緊張しないで、書き出してみたらいいのに

😺 ダナイに、このプレッシャーは、わからないだろうね

🐱 じゃあ、もっとプレッシャーのかかることを教えてあげよう

書き出しは、超重要！
インパクトのある書き出しで、読者の興味を引きつけないといけない。

😺 ……

🐱 また、フリーズしちゃったね

😺 これ以上、プレッシャーをかけないでくれ

🐱 だったら、気楽になれるようなことを教えてあげよう

書き出しが気に入らなければ、何度でも書き直せばいい。
いつでも書き直せばいい。
物語を書き終わってからでも、出だしを変更することはできる。
大事なのは、その書き出しに自分が納得すること。
ただ、書き出さないと始まらないので、とにかく書いてみよう。

😊 うん、だいぶ気持ちが楽になったよ

🐱 じゃあ、とりあえず、1行目を書いてみよう

😊 よし！

> わたしの名前は、小山内なじみ

🐱 ボツだな

😊 どうしてだよ？

🐱 この物語の主人公は、文岡功だ。なのに、この書き出しだと、小山内なじみの方が目立ってしまう

😊 なるほど……。じゃあ、こんなのはどうかな？

> わたしの幼なじみに、
> 文岡 功という変わった男がいる

🐱 ボツだな

😊 なんでだよ！　主人公の紹介から書いてるじゃないか

🐱 インパクトが弱いんだ。たしかに、「どんな変わった主人公なんだろう？」と思わせる書き方は、うまい。でも、それだけだ。もっと、インパクトのある書き出しを目指さないと！

😊　インパクト……

🐱　主人公は、妙な校則でも真面目に守る変わった男なんだろ。その設定も、いかさないと——

😊　そうだった

目指すのは、1行目で、「この先を読んでみたい」と思わせる書き出し。
それを見つけるまで、何度でも書き直そう。

🐱　過去の名作の書き出しを見てみるのも勉強になるよ。たとえば、『吾輩は猫である』の書き出しは、「吾輩は猫である。名前は——」

😊　いや、今は自分で考えてみるよ

😊　これで、どうかな？

> わたしの学校には、
> こんな奇妙な校則がある

🐱　80点！

😊 やった！　いきなり高得点じゃん！

🐱 この書き方だと、たしかに続きを読みたくなる。でも、問題は2行目だね。どんな奇妙な校則なんだい？

😊 「靴下は白。ワンポイント禁止」——これで、どうかな？

🐱 普通すぎる。その書き出しなら30点にするよ

😊 ……50点も減点されるのか

物語を書こうとすると、自分の知識だけでは書けないことが多くある。

そんなときは、資料を調べる。

詳しい人に取材したり、図書館やインターネットで資料を集めなければいけない。

また、常日頃から、新聞や雑誌で気になる記事があったら、

「いつか使えるかもしれない」

と思って、スクラップしておく癖をつけておくといい。

😊 ネットで、「家から電信柱3本以上の外出はすべて制服」っていう校則を見つけたんだけど、これならインパクトあるだろ

🐱 それって、ギャグじゃないのかい？　ひょっとして、人間って、猫が思ってる以上に頭が悪いのかな……

インパクト抜群の「書き出し」ができる3つのルール

名作の書き出しから、勉強しよう。

「どうして？」と思わせるような書き出し

書き出しは、「起承転結」の起（状況説明）部分に入る。だから、インパクトがあって、主人公や小説の舞台がわかるとベストだ。

> 「メロスは激怒した」　太宰治『走れメロス』

なんで、怒ってるの？

気になって、続きが読みたくなる書き出しだね

ワク　ワク

主人公の紹介から始まる書き出し

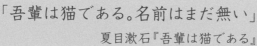

「吾輩は猫である。名前はまだ無い」
夏目漱石『吾輩は猫である』

書き出しだけで、
主人公がわかる書き出しだ。
「猫が主人公なの？」と
興味を引く……
名文だね！

それにしても、
ダナイの他にも
しゃべれる猫って
いるんだね

小説の舞台が伝わる書き出し

「国境の長いトンネルを抜けると雪国であった」
川端康成『雪国』

短い1文だけど、
「長いトンネル」ということは、
電車に乗っていることも想像できる

諦めそうになったら…
必ず最後まで
書き上げられる
「魔法の言葉」！

　……ダナイの気配がない。

　ぼくは、足音をさせないように、部屋を移動する。廊下にも、ダナイはいない。ゆっくり階段の方へ行く。

　手には、割り箸で作った銃。弾丸は輪ゴムだ。動くたびに、腰の後ろにつけた猫じゃらしが揺れる。何をしてるかというと、深夜の銃撃戦だ。ルールは、簡単。ダナイに輪ゴムを当てたら、ぼくの勝ち。ぼくの腰についてる猫じゃらしを奪ったら、ダナイの勝ち。戦場は、家の中。外へ出た時点で、反則負け。

　階段の上から、ゆっくり首を出し、下の様子をうかがう。ガサリと音がした。居間からだ！

　──ダナイは、居間にいる！

　ぼくは、割り箸鉄砲を両手で持ち、素早く居間の前に移動。中を覗くと、テレビの前にダナイがいた。ヘッドホンをして、『ちゅるとろ』のCMを見ている。おまけに、手に持った『ちゅるとろ』をペロペロなめてる。

　──完璧に、油断している……。

　割り箸鉄砲の射程距離は3メートル。ここからだと、遠すぎる。

　足音をさせないよう、確実に当てられる距離まで、ダナイに近づく。

──今だ！

　輪ゴムを発射しようとしたとき、ダナイがリモコンスイッチを前足で押した。部屋の電気が消える。真っ暗だ！

　暗くなると同時に発射したが、当たった手応えがない。同じ場所にいると危険だと思ったぼくは、ソファーの陰に転がり込む。

「惜しかったね、健」

　ダナイの声がする。部屋の中で反響して、ダナイの位置が特定できない。

「どうして、ぼくが近づいてるのがわかった？」

「健は、わたしがテレビを見ていると思ってたんだろ？　実は、画面に映る健の動きを見ていたのさ」

　──それで、ぼくが輪ゴムを撃つ前に、部屋の電気を消せたのか。

「でも、真っ暗でお互いの位置がわからない。条件は、同じだな」

　ぼくが言うと、ダナイの笑い声が聞こえた。

「猫の目は、暗くてもよく見えるということを、知らないのかい？　わたしには、居間の様子が昼間のように見えてるんだよ」

　──うん、よく知ってる。

「さぁ、ここからは、狩りの時間だ。健が隠れてる場所を見つけて、猫じゃらしを奪う。これで、わたしの勝ちだ」

「いや、その前に、ぼくがダナイを撃って終わりだよ」

　ぼくは、割り箸鉄砲の引金を引く。パチンという音と、ダナイの「にゃ！」という悲鳴。

　ぼくは、居間の電気をつけて、寝転がってるダナイのところに行く。

「健も、暗闇でも見える目を持ってるのか？」

「まさか。ダナイの位置がわかったのは、匂いだよ」

「匂い？」

「口に、べったり『ちゅるとろ』がついてるぞ」

😊　ぼくが勝てたのは、ダナイのトレーニングのおかげだ。五感を研ぎ澄ますように言われてたから、電気を消されても、『ちゅるとろ』の匂いでダナイの場所がわかった

🐱　仕方ない、負けを認めるよ。さて、遊びはここまでにして、原稿書きに戻ったらどうだい？

😊　それなんだけど……実は、行きづまってるんだ

🐱　だろうね。そんなにもうまく書き進められるわけないんだから

😊　まず、題名を決めてないんだけど、いいのかな？

🐱　かまわないよ

　題名は、すんなり決まるときは決まる。しかし、最初に題名を決める必要はない。
　書き上げてから、ゆっくり考えてもいいし、読んだ人につけてもらってもいい。

😊　あと、女の子の台詞が書きにくいんだ。ぼくは、男の子だから、仕方ないのかもしれないけど……

🐱　そんなこと言ってたら、健は、中学生男子の物語しか書けなくなるよ

😊　そりゃそうだけど──。どうやったら、いろんなキャラの台詞を書きわけられるようになるのかな？

🐱　仕方ないね。いい方法を教えてあげよう。テレレレッテレ〜！

😊　久しぶりで言いたくないけど、似てないからね

🐱　『音声だけ再生トレーニング』〜！

😊　何それ？

　見慣れたドラマやアニメ、映画の音だけを抜き出し、何度も聞くトレーニングである。

　映像は、見ない。

　台詞や効果音だけを繰り返し聞くと、それぞれの登場人物の話し方が頭に入ってくる。

🐱　いろんな登場人物がいる。女の子キャラでも、気が強い子と萌(も)えキャラでは、話し方が違う。そんな微妙(びみょう)な違いを、台詞だけを何度も聞くことで頭に入れるんだ

😊　何回ぐらい聞けばいいんだ？

🐱　暇なときは、聞く癖をつけるといいよ。そんなに苦労しなくても、あっという間に覚えちゃうから

　ただ単に、台詞が頭に入るだけでなく、台詞と台詞の間もわかってくる。

　効果音やナレーションの入れ方も、自然に身についてくる。

🐱　たとえば、Ⓐ と Ⓑ では、どんな風に違うと思う？

Ⓐ
「大丈夫か？」
「大丈夫だ」

Ⓑ
「大丈夫か？」
「……大丈夫だ」

😊　Ⓑ の方は、慎重（しんちょう）に調べてから「大丈夫」と答えてるように読める。または、本当は大丈夫じゃないのに、無理して「大丈夫だ」と答えてるようにも読める

🐱　原稿をなかなか書き進められない健のために、今日は、『音声だけ再生トレーニング』を発展させたトレーニングをしよう。テレレレッテレ〜！

😳　もう言い飽きたけど、似てないよ

🐱　『音声だけ再生トレーニングからのノベライズ』〜！

😳　ノベライズって？

　　ノベライズとは、映画やドラマ、マンガなどを小説にすることである。

　　ダナイの言う『音声だけ再生トレーニングからのノベライズ』とは、音声だけを聞き、その台詞を使って、小説にしてみるトレーニングである。

🐱　健が書き進められないのは、頭の中でキャラを動かせないという理由がある。台詞は書けても、キャラが動いていなければ、それは小説とはいえない

😳　脚本(きゃくほん)みたいなものを書けってことか？

🐱　そうじゃない。あくまでも、ノベライズ——小説を書くのが、このトレーニングの目的だ

♪『ローマの休日』より　コロンナ宮殿での記者会見のシーン

「ご訪問になった都市の中で、どこが一番お気に召されました
か?」

(いずこの地もそれぞれ──)

「いずこの地もそれぞれ忘れがたく、比較は難しいかと……。

　ローマです。

　なんと申しましてもローマです。

　この地の素晴らしい思い出を、生涯忘れないでしょう」

「ご病床に伏しておられたにもかかわらずですか?」

「はい、そうです」

🐱　『ローマの休日』の最後の記者会見のシーンだよ。これを、
ノベライズしてみよう

　　新聞記者が質問した。

「ご訪問になった都市の中で、どこが一番お気に召され
ましたか?」

　　アン王女の横で、おつきの者が囁く。

「いずこの地もそれぞれ―」

　　それを真似して、アン王女が言う。

「いずこの地もそれぞれ忘れがたく、比較は難しいかと
……。ローマです。なんと申しましてもローマです。この
地の素晴らしい思い出を、生涯忘れないでしょう」

「ご病床に伏しておられたにもかかわらずですか？」
　新聞記者の質問に、アン王女が言う。
「はい、そうです」

🐱　8点

😊　10点満点で、8点？

🐱　100点満点で、8点！

😊　たしかに、うまく書けてないとは思うけど、8点って低すぎないか？

🐱　0点でもいいぐらいだ。かろうじて、「囁く」という言葉が使われていたから、点数をやったんだ

😊　危ないところだった……

🐱　健は、あのシーン、何度も見たんだろ？　感動の涙も流していたじゃないか。それを、こんな文章にしてしまったら……。謝れ！　オードリー・ヘプバーンに、謝れ！

😊　謝るより先に、どんな風に書いたらいいか教えてくれよ

🐱　「〜をした」「〜をした」と、行動だけを書いても、何も伝わらない。どんな感情が、その行動の裏にあるのか？まで書かないと――

新聞記者が質問した。
「ご訪問になった都市の中で、どこが一番お気に召されましたか？」
　　すぐに答えないアン王女。心配になったおつきの者が、横で囁く。
「いずこの地もそれぞれ——」
　　その声で、アン王女は自分の立場を思い出した。
「いずこの地もそれぞれ忘れがたく、比較は難しいかと……」
　　そこまで言ったとき、彼女の胸には、楽しかったローマでの思い出がよみがえった。
　　ベスパのふたり乗り、髪をカットしたこと、ジェラートの味、そして、一緒にいたジョー……。
　　アン王女の言葉が途切れた。そして、
「ローマです」
　　彼女の口から漏れた言葉に、新聞記者がざわめく。
　　しかし、かまわずアン王女は話し続ける。
「なんと申しましても、ローマです。この地の素晴らしい思い出を、生涯忘れないでしょう」
　　それは、質問に答えるというより、新聞記者の中にいるジョーに向かって話しかけているように見えた。
「ご病床に伏しておられたにもかかわらずですか？」
「はい、そうです」

🐱　8点

😀　増えてないじゃないか！

🐱　10点満点の8点だよ。前よりは、よくなってる

😀　でもさ、なんだか書けそうな気がしてきたよ

🐱　原稿を書いてると、細かいことが気になってストップしてしまうときがある。そんなとき、一番いい解決方法は――

😀　解決方法は？

🐱　細かいことを気にせず、何がなんでも書くことだよ

😀　…………

書きかけの物語を、未完のまま放り出すと、癖になる。
何がなんでも、書き上げる習慣を身につけよう。
　それでも書けなくなったら、「いろいろあって、みんな幸せに暮らしました」という魔法の文をつけて、終わらせよう。

タイトルなんて決めなくてもいい!?

書き終わってから、タイトルを考えてもいいし、
読んでもらった人にタイトルを決めてもらってもいい。

書き出しと連動したタイトル

> 夏目漱石『吾輩は猫である』
> 「吾輩は猫である。名前はまだ無い」

主人公の性格を説明するタイトル

> 山田詠美『ぼくは勉強ができない』

ぼくみたいな人が
主人公なんだね

内容とタイトルが
あっているかどうか、
最後にチェックするといいね

小説の内容と連動したタイトル

J・D・サリンジャー『ライ麦畑でつかまえて』
「僕のやる仕事はね、誰でも崖から転がり落ちそうになった
ら、その子をつかまえることなんだ
──────(中略)──────
ライ麦畑のつかまえ役、そういったものに僕はな
りたいんだよ」

主人公の名前がついているタイトル

ルイス・キャロル『不思議の国のアリス』

L・M・モンゴメリ『赤毛のアン』

タイトルのつけ方に
ルールはない。
自由につけよう。

主人公に なったつもりで、

主人公は、どんな気持ちでいる？
心理描写があると、読者がより主人公に共感できるようになる。

学校の廊下で、先生が怒っているとき
・先生の怒鳴り声が聞こえて、誰がどんな理由で怒られ
ているのかが気になる
・校則を守らないなんて、最低なやつだ
・始業ベルが鳴る前に、席に着かないと校則を守れない

美化委員が書いたポスター

先生が
「そこのきみ！」
と大きく叫ぶ声

先生がひとりの生徒を
見つけて、近づいていく

生活指導の先生が
見回っている

向こうから歩いてきた生徒にぶつかる

五感を使おう

主人公には何が見えている？

主人公になったつもりで、五感を使いながらスケッチしてみよう。

> 主人公が通学してすぐの学校の廊下
>
> 目で見て／耳で聞いて／鼻でかいで／舌で感じて／肌に触れて

はたいた
黒板消しから出る、
チョークの粉

舞った
チョークの粉が
口に入った

生徒の笑い声や
挨拶する声

朝練から戻ってきた
生徒の汗

教科書の入った
重たい鞄が
肩にかかっている

「違った意見を持つ人」を
出すと
小説はおもしろくなる

　夢を見ている。

　場所は、学校の教室だ。40人の座席は、すべて中学生で埋まっている。

　ぼくも、その中のひとりだ。

　黒板を背にした先生が、みんなを見回して言う。

「この問題を、どう思いますか？」

　ひとりの生徒が手をあげる。

「賛成です」

　よく見ると、その生徒は、ぼくだ。

　また、他の生徒が手をあげた。

「ぼくも、賛成です」

　その生徒も、ぼくだった。

　次から次へと、生徒が手をあげる。

「賛成です」「ぼくもです」「ぼくも賛成です」「ぼくも──」

　ぼくの発言が、教室にこだまする。

「では、みんな賛成なんですね」

　先生がまとめる。いや、それは先生ではない。教卓のところにいるのも、ぼくだった。

「はい」

　ぼくの大合唱に、ぼくは汗だくで目を覚ました。

😊　久しぶりに、怖い夢を見たよ

🐱　どうしてそんな夢を見たか、わたしには想像できるよ。原因は、健の原稿だ

😊　原稿？　そんなことはないと思うけどな……。いろいろあったけど、今はスムーズに書き進めてるんだぜ

🐱　そこだよ。スムーズに書けてるから、怖い夢を見たんだ

なぜ、スムーズに原稿が書けるのか？

それは、自分の考えだけで書いているから――。

登場人物すべてが、作者と同じ考えで行動し発言していたら、

書く方は楽である。しかし、読者は退屈で仕方がない。

🐱　健が今書いているのは、真面目に校則を守っていた主人公が、校則がおかしいことに気づき、変わっていく物語だ

😊　そうだよ

🐱　主人公以外の登場人物も、すべて、校則がおかしいと思ってるんじゃないのかい？

😊　うん

🐱　登場人物が、みんな同じ考えの物語。読者は、誰に感情移入していいかわからない。そんな物語、おもしろいかな？

😊　…………

🐱　健も、それを感じてるんだ。だから、おかしな夢を見たりす

るんだよ

😺 でも、おかしな校則なんか、守らなくてもいいだろ。それ以外の意見は、おかしいよ

🐱 本当にそうかな？

自分の意見を持つことは大切である。

しかし、それだけでは、物語は書けない。

いろんな考えや、様々な価値観を持たないと、物語に深みが生まれない。

🐱 立ち止まって考えてみよう。どうして、校則があるのだろう？

😺 学校には、たくさんの人がいるじゃないか。みんなが好き勝手に行動しないよう、校則という決まりがあるんだろ

🐱 みんなが好き勝手に行動したら、マズイのかい？

😺 そりゃ……迷惑する人が出てくるだろうし……

🐱 それは、健の考えだね。他の人は、どう答えるかな？

😺 …………

🐱 おかしな校則については、社会問題にもなっている。なのに、学校からなくならない。どうしてだろう？

😺 なくなると困る人がいるから？

🐱 誰が困るんだい？

😊 先生とか……保護者かな？

🐱 生徒の中にはいないかな？

😊 いるかもしれない

🐱 いたとしたら、どんな人？

😊 自分で考えるより、人から言われたとおりに動いてる方が楽だと思ってるようなやつかな……

🐱 今、『校則を守ってる方が楽』という考えを持った人がいる可能性に、健は気づいた

😊 …………

🐱 少し考えただけで、いろんな意見があることが想像できる。そういった、いろんな考えを持った登場人物を出せば、物語がおもしろくなるよ

😊 でもさ、ぼくはひとりしかいないよ。ひとりで、何人もの意見を考えるのは無理だよ

🐱 そんなことはない

　新聞を読めばいい。それも、1社だけでなく、数社の新聞を読み比べるのがいい。

　同じ事件も、A社とB社では、取り上げ方が違う。そこには、それぞれの新聞社の主義主張が隠れている。

　どちらが正しいとか共感できるとかは重要ではない。

　同じ事件に対して、どういう視点で見るかを読み取らなければ

いけない。

　また、どの新聞にも、読者の投稿欄がある。それを読めば、様々な意見に出会うことができる。

　たくさんの意見を読めば自分の世界観が広がり、多様な登場人物を生み出すことができる。

🐱　いろんな意見に触れることが大切だってわかったかな？

😀　うん。校則について、友達の意見も聞いてみるよ。あと、大人がどう思ってるかとか――

🐱　常に、自分の価値観を疑うことだね。そういえば健は、ダイエットと言って、わたしの食事を減らしてるけど、これは正しいのだろうか？

😀　正しいと思うよ。おそらく、100人に聞いたら100人が正しいと言うはずだ

友達や家族の意見を参考に、登場人物たちの意見を考えよう

新聞やテレビ、ネットなどで、いろんな意見を調べよう。
家族や友達など、周りの人に意見を聞いてもいいね。

登場人物たちに取材をしよう

小説に出てくる登場人物たちにも、いろんな意見の人が必要だ。
だから、登場人物たちの意見もひとりひとり考えていこう。

主人公・文岡功
ルールは必ず
守らなくてはいけない

小山内なじみ
スカートを短くしたり、友達と帰り道に買い食いしたり、もともと校則はきちんと守っていない。校則があるのは仕方ないけど、ほどほどに守ればいい

井上哲也
なぜ、守る必要があるのか、
理由が説明できない校則は必要ない

生徒会長
守っていれば楽だから、
校則はあった方がいい

生活指導の先生
校則を守らないと
不良になる

**健の小説に出てくる登場人物たちは、校則のことをどう考えているのか。
ひとりずつ、考えていこう。**

異なる意見を持つキャラクター同士が
会話をしたらどうなる？

どんな話をすると思う？
話をした結果、ふたりは仲よくなる？　それとも、喧嘩になる？

主人公・文岡功と小山内なじみが話をしたら……
小山内なじみが校則を守らないと、文岡功が注意をする。
幼なじみで遠慮がないから、少しキツイ注意の仕方をして、
喧嘩になるかもしれない。

キャラクターの
性格によって、
行動や台詞は
変わってくる。

書き終わったら必ず、
誰かに
読んでもらおう

　ダナイは、読書家だ。猫が、どこまで日本語を理解してるのか
はわからないが、よく本を読んでいる（本を読んでないときは、昼
寝してるか餌を食べてるかゴロゴロしてるかの、どれかだ）。

　今日、読んでいた本から顔を上げ、こんなことを訊いてきた。
「人が誰もいない森の中で、木が倒れた。倒れる音はしただろう
か？」

「はぁ？」

　首を捻るぼくに、ダナイが説明する。
「これは、有名な哲学の話だ。答えは、『音はしない』」

「どうして？」

「倒れた音を認識する人がいないからだよ。どんなことが起きて
も、それを知覚する人間がいなかったら、存在しないのと同じと
いうことを言っているようだ」

「ふ〜ん」

　どうでもいいというように、ぼくは答えた。ダナイが、ニヤリ
と笑って言う。
「だが、わたしの答えは『音はする』だ。なぜなら、人がいなく
ても、猫のわたしがいて、倒れる音を聞いてたからね」

　そして、ぼくに向かって手を伸ばす。
「というわけで、できた原稿を見せてもらおうか」

😺 何が"というわけで"なのか、よくわからないんだけど……

🐱 健が、原稿を書き上げたのはわかってる。書けた原稿を誰にも見せなかったら、それは書かれてないのと同じ。だから、わたしに見せろと言ってるんだよ

😺 でも……恥ずかしいな

🐱 恥ずかしがってる場合じゃない。書き上げた原稿は、できるだけたくさんの人に読んでもらうのがいいよ

　読んでもらう人は、正直な感想を言ってくれる人がいい。
　あまい感想を言ってもらうより、厳しい意見をもらう方が、今後のためになる。
　そして、できるだけ多くの感想を聞き、その中から今後の役に立ちそうな意見を取捨選択する。

😺 ダナイ以外に読んでくれそうな相手というと……。まずは、翔かな

🐱 正直な感想を言ってくれそうかい？

😺 その点は、心配ない。友達だからといって、褒めたりしないやつだから。それより、読んでくれるかどうかの方が心配だ

🐱 原稿を書くとき、校則について、たくさんの人にインタビューしたんだろ？　その人たちには、「おかげさまで原稿ができました。よろしければ読んでください」と言って、読んでもら

うべきだ

😊　うん、わかった

🐱　いろんな感想を聞いて原稿を直したら、次は公募だね

😊　コーボ？

世の中には、いろんな賞があり、幅広く作品を募集している。
これらの賞に送って、自分の作品のレベルを知ろう。

😊　賞に送るなんて、まだ早いよ

🐱　じゃあ、何歳になったら送るんだい？

😊　…………

🐱　原稿の出来に、年齢は関係ないよ。せっかく書き上げたんだ。賞に送って、どんな評価を下されるか知りたくないか？

😊　…………

🐱　年齢を気にするのなら、中学生向けの賞に送るのがいいね

😊　どうして？

🐱　賞の中には、話題性で受賞者を選ぶものもある。健のような中学生が、ある程度のレベルのものを送ると、『天才中学生作家！』とかレッテルを貼って受賞させるときがある

😊　賞がもらえるのなら、いいじゃないか

🐱　わたしは賛成しないよ。もし健が、賞を取ることだけを目標にするのなら、それでもいいけど……。話題性というのは、一時

的なもの。長く小説を書いていきたいのなら、きちんとした賞で評価された方がよい

賞に送れば、自分の作品が評価される。
しかし、その前に――。
どの賞に送るかは、自分で決めることができる。信用できない賞に送ってはいけない。
それぞれの賞を、よく調べ、まず評価しなくてはいけない。
送るのは、それからである。

😊　賞に送るのに、注意することは？

🐱　たった1つ！　応募要項を、徹底的に読むことだよ

応募要項には、様々な注意事項が書いてある。それらの注意事項をよく読み、忠実に守ることが大切である。
ワープロ原稿でも手書き原稿でも可なら、ワープロ原稿で送る方がよい。読みやすいし手直しもしやすい。また、プロ作家になったとき、量産が利く。

🐱　そういえば、前の飼い主の児童文学作家は、応募原稿に、自分で描いた挿絵を入れてたそうだ

😊　それって、いいの？

🐱　当時、その男は小学校教師をしていてね。子供たちに物語を印刷して渡すとき、挿絵がないと読んでくれないことに気づいたんだ。それで、原稿には挿絵をつける癖がついてたそうだけど——。よく、賞をもらえたと思うよ

😊　おおらかな時代だったのかな

🐱　ちなみに、彼以外に、応募原稿に挿絵を入れる人間は今までいないそうだ

　賞に送るとき——。

　できるのは、原稿を何度も読み返し、手直しすること。それが、一番大切なこと（挿絵を描くことではない）。

　どれだけ頑張って原稿を書いたかというようなアピールは、いらない。言いたいことのすべては原稿に叩き込み、原稿のレベルで勝負する。

「入選するのが当然！」と思える原稿を送ろう（落選したら「原稿ではなく、審査員が悪い」と思おう）。

誰かに読んでもらうためにできること

書き終わってからも、やるべきことはたくさん！

書き終わったら、まずは見直し

見直すことで、小説はもっとよくなる。
こんな部分をチェックしよう。

- 字の間違いや抜けはないか
- 説明が足りない文章はないか
- もっといい表現の仕方が思いつきそうな文章はないか
- 意味がわかりにくい文章はないか

公募はどこで探せばいいの？

書いた小説の応募先はいろいろある。

小説投稿サイトに投稿する

こういったサイトに投稿すると、たくさんの人に書いた小説を
読んでもらえるかもしれない。
また、サイト内でも
コンテストが開催されていて、
実際に作家になった人もいる。

新聞社や出版社が主催している文学賞に応募する

書いた小説のジャンルによって、応募する賞を選ぼう。
純文学なら純文学の、ライトノベルならライトノベルの
公募がある。

ENDING
文章力は、ありがたやありがたや。

　ぼくの足は、緊張で震えている。まさか、こんな大舞台で賞状
をもらうときが来るとは……。

　ステージを照らすライトが、まぶしい。世界から音が消え、心
臓の鼓動だけが、やけにはっきり聞こえる。

　まるで、夢を見ているようだ。

「文岡健君」

　名前を呼ばれ、賞状を受け取るために、ぼくは前へ進む。手と
足が同時に出ないよう気をつけて、ゆっくり歩く。

　──落ち着け！　堂々とした態度で、賞状をもらうんだ。

　胸を張って立つぼくに、賞状を読む声が届く。

「文岡健君。校内読書感想文コンクール、金賞。以下同文」

　ぼくは、両手を出して賞状を受け取る。

「おめでとう」

　そう言う校長先生の顔は、ダナイの笑ったときの顔に似ていた。

　教室に戻ったぼくは、クラスメイトから祝福を受ける——といっても、祝ってくれたのは翔だけだったけどね。

「それにしても、すごいよな。おれなんか、感想文や作文で、賞状もらったことないぜ」

「ぼくだって、初めてだよ」

　ちなみに、絵や習字でも、もらったことがない。

「まぁ、この1年間、文章力を磨いたからね」

　ぼくは、自慢に聞こえないよう、控えめに答える。

「放課後、お祝いにハンバーガーを奢ってやろうと思ったんだけど、ちょっと用事があってさ——」

　照れくさそうに言う翔。

「高嶺さんと待ちあわせか?」

　ぼくの質問に、頭を掻く。

「おれたちがうまくいってるのも、おまえの『ラブレターぐらい自分で書け!』っていうアドバイスのおかげだ」

　いや、本当は、ぼくじゃなくダナイのアドバイスなんだけどね。

　家に帰って母さんに賞状を見せると、ものすごく喜んだ。早速、田舎のおばさんに電話して大騒ぎする。

「おばさんも、喜んでるわ。お祝いに、図書カード贈るって!また、ちゃんとお礼状を書くのよ」

ぼくは、めんどくさいなと思いながらも、「わかってるよ」と答える。

　部屋のドアの前で、1つ深呼吸。今から、一番喜んで欲しい相手に、賞状を見せるんだ。

　勢いよくドアをあけ、ぼくは叫ぶ。

「見ろ、ダナイ！　読書感想文で、金賞取ったぞ！」

　賞状を両手で持ち室内を見回す。

「すごいだろ！　全校集会のときに、みんなの前に出て賞状もらったんだぜ！」

　ぼくの声だけが、室内に響く。

「……ダナイ？」

　いつもは昼寝してるダナイが、いない。

「ダナイ？」

　机の下、押し入れの中、ベッドの下——。ダナイがいそうなところを探したけど、いない。

　居間でテレビでも見てるのかと思ったけど、いない。

　台所で盗み食いしてるのかと思ったけど、いない。

　家中探したけど、いない。

「ダナイ？」

　家の近所を探しても、いない。

　初めて会った神社に行ってみる。すると、大きな銀杏の木の下

に、ダナイがいた。

「なんだよ、こんなところにいたのか」

　ホッとして近づく。でも、それはダナイではなく、ボロ雑巾だった。ぼくは、ボロ雑巾を拾って、ゴミ箱に捨てる。

　風が吹いて、木の葉がザワザワ騒ぐ。

「早く出てきたら、『ちゅるとろ』やるぞ！　出てこなかったら、ぼくが食べちゃうぞ」

　明るい調子で言ってるけど、ぼくの中では、悪い予感が風船のように膨らんでいる。

　部屋に戻る。

　ぼくは、賞状を机に置き、床に座り込む。いつもなら、ダナイが昼寝したりゴロゴロしたりしていて邪魔なんだけど、今はすんなり座れる。

　妙に広い部屋で、ぼくは呟く。

「……もうだないはいないんだ」

「ダメだよ、そんな読みにくい文を呟いたら──」

　ダナイの声がした。

　外を見ると、ダナイが窓ガラスをカリカリと引っ掻いている。

「ダナイ！」

　窓をあけてやると、のっそり入ってくるダナイ。

「どこ行ってたんだよ！　心配しただろ！」

怒鳴るぼくに、ダナイが平然と答える。

「学校近くを散歩してたら、『健が読書感想文で金賞を取った』って生徒が噂をしている。信じられなかったから、しばらく学校で調べていたんだ。そうしたら、噂は本当らしいから、急いで帰ってきたんだよ」

　机の上の賞状を見るダナイ。そして、ニッカリと笑った。

「頑張ったね、健」

「…………」

　ぼくは、思いっきりダナイを抱きしめた。

「なぁ、ダナイ。ぼくの文章がうまくなったら、ダナイは、他の飼い主のところへ行っちゃうのか？」

「今までは、そうしてきたんだけどね……」

　ぼくの質問に、ダナイが、カリカリと頭を掻く。

「とりあえず、今は、もっともっと健の文章力を鍛えないといけない。わたしがどこかへ行くのは、もっともっと先の話だね」

　その答えに、ぼくはホッとする。

　というわけで、今日もダナイは、ぼくの家にいる。

あとがき

どうも、ダナイの前の飼い主の、
はやみねかおるです。
作家生活で初めて書く実用書です。

　この本には——、
・ぼくが小さい頃からやってきたこと
・小学校教師時代に、子供たちに教えていたこと
・作家になった今も、やってることや心がけてること
　などをつめ込みました。
　スペース的に書き足りないところもありますが、この本を読め
ば、確実に文章力は上がります。ぼくとダナイが、保証します。

　ぼくは、『児童向け推理小説書き』という肩書きを名乗ってい
ます。つまり、専門は推理小説なのです。
　そのため、本書でも、トリックの作り方やら読者のだまし方な

ど、推理小説の書き方についても説明しようかなと思いました。

　しかし、それをするには、たくさんのページ数が必要になります。というわけで、推理小説の書き方については、また別の機会に──。

　ちなみに、本書に登場する『推理小説の料理法』は、ぼくが中学生のときに書いたミステリー（のようなもの）の題名です。

　それでは、最後に感謝の言葉を──。

　飛鳥新社の宮崎さん。楽しいお仕事を、どうもありがとうございました。また、ぼくの住む山に遊びに来てください。山海の珍味を用意させていただきます。

　イラストを描いてくださった仲島綾乃さん。かわいいイラストを、本当にありがとうございました。

　奥さんとふたりの息子──琢人と彩人へ。小学校の先生になった琢人は、子供たちの作文指導に、この本を使ったりするでしょうか？　大学生になった彩人は、レポート作成のときに、ぜひ使ってください。そして奥さんは、すみませんが、これからもお茶を用意してください。

　気持ちよく仕事を終えようとしていたら、ダナイが、いつもの調子で話しかけてきました。

🐱　しかし、いつまで経っても、かおるの文章は上達しないね

😀　ちょっと待った！　ぼくが一人前の文章力を手に入れたから、ダナイは出て行ったんじゃないのか？

🐱　それは、大きな間違いだ。わたしが出て行ったのは、餌が貧しいとか、家に隙間風が入るとか、本が多すぎて寝るところがないとか、いろいろ理由があるけど、一番は、かおるの文章がうまくならないことに愛想が尽きたからだよ

😀　……

🐱　悪いことは言わない。かおるも、この本を読んでトレーニングをやり直した方がいいよ

　というわけで、ぼくもトレーニングを頑張ります。みなさんも、楽しく文章を書いてください。

　それでは、今度は、ぼくの書いた物語でお目にかかりましょう。そのときまでお元気で。では！

Good Night, And Have A Nice Dream.

はやみねかおる

三重県生まれ。小中学生に絶大な人気をほこる児童書作家。
小学校教師として、クラスの子供たちを
夢中にさせる本を探すうちに、自ら書き始める。
著書に累計360万部の「名探偵夢水清志郎」シリーズや、
累計200万部の「都会のトム＆ソーヤ」シリーズ（いずれも講談社刊）など多数。

めんどくさがりな
きみのための文章教室

2020年3月10日　第1刷発行
2024年9月15日　第12刷発行

著者　**はやみねかおる**

発行者　矢島和郎

発行所　株式会社 飛鳥新社
　　　　〒101-0003 東京都千代田区一ツ橋2-4-3 光文恒産ビル
　　　　電話（営業）03-3263-7770　（編集）03-3263-7773
　　　　https://www.asukashinsha.co.jp

印刷・製本　中央精版印刷株式会社

装丁・イラスト　仲島綾乃

ISBN 978-4-86410-671-9　©Kaoru Hayamine 2020,Printed in Japan

編集担当　宮崎綾